Yvonne Maurer

Zu innerer Kraft und Energie durch Körperzentrierte Psychotherapie

Yvonne Maurer

Zu innerer Kraft und Energie durch Körperzentrierte Psychotherapie

Die Deutschen Bibliothek - CIP-Einheitsaufnahme

Maurer, Yvonne:
Zu innerer Kraft und Energie durch körperzentrierte Psychotherapie / Yvonne Maurer. - Orig.-Ausg., 1. Aufl.- Oldenburg : Transform-Verl., 1993
ISBN 3-926692-27-8

1. Auflage 1993. Originalausgabe

Postfach 4709, D-26037 Oldenburg
Printed in Germany.
Druck: Fuldaer Verlagsanstalt
Satz & Grafik: W.Lange u. B. Kuhlmann
Umschlaggestaltung: Barbara Eckholdt

ISBN 3-926692-27-8

Inhalt

Einleitung

Die Gefahr von heute besteht in der Verdrängung unserer Ganzheitlichkeit.

Kraft und Energie haben, um den Anforderungen gegenüber Familie und Beruf nachzukommen, ist die Grundlage zum inneren Erfülltsein. Was unsere heutige Welt, verglichen mit früher, am deutlichsten charakterisiert, sind die vielen wechselnden Sinneseindrücke von außen, die sich im Übermaß anbieten. Gleichzeitig fällt die zunehmende Einseitigkeit und Spezialisierung im Beruf auf und in den Städten die Entfremdung von den natürlichen, beruhigenden Sinneseindrücken der Natur. Dadurch ist die Bewältigung des Lebens trotz zivilisatorischer Fortschritte eher schwieriger als leichter geworden.

Zielsetzungen dieses Buches

Dieses Buch will auf dem genannten Hintergrund die heutigen psychischen und psychosomatischen Krankheiten, bzw. Störungen mit Symptomen wie Schlafstörungen, Druck auf der Brust, innere Unruhe, Konzentrationsmangel, Müdigkeit, Lustlosigkeit, Kopfschmerzen, Verdauungsstörungen, Eßstörungen, süchtige Abhängigkeit, Partnerkonflikte, etc. ganzheitlich verstehen und Behandlungsmöglichkeiten aufzeigen.

Das Buch geht davon aus, daß es wichtig ist, sowohl dem gesunden als auch dem kranken Menschen wieder mehr Bewußtsein für das Ganze seiner Existenz zu geben und ihm behilflich zu sein, seine Ganzheit wieder ausgewogener zu leben. Das Buch richtet sich auch an alle Personen in helfenden, pädagogischen und personalführenden Berufen, um das Ganzheitsbewußtsein zu fördern und damit dem Ausgebranntsein entgegen zu wirken. Gleichzeitig will es den therapeutisch und psychotherapeutisch Tätigen ein Leitfaden sein, die ganzheitlich ausgerichtete Körperzentrierte Psychotherapie IKP (Maurer) in ihren Grundzügen zu verstehen und deren Methoden konkret anzuwenden.

Wie dieses Buch mit dem größten Gewinn lesen?

Laien, die nicht Fachpersonen sind, möchte ich empfehlen, nach den ersten beiden Kapiteln (1 und 2) zuerst Kapitel 11, dann 4, 8-10 zu lesen und dann erst die übrigen etwas stärker methodisch-theoretischen Kapitel 3 und 5-7. Neue bewußtseinsmäßige Erfahrungen zu machen ist vor allem möglich, wenn während des Lesens immer wieder innegehalten wird, um den Bezug zur eigenen Lebenssituation herzustellen.

Zu den Erfahrungsübungen:
Die ausgewählten Übungen lassen sich gut alleine machen. Der Wechsel von der Sie- zur Du-Form soll mithelfen, stärker zu motivieren und entspricht auch der häufigen Du-Form in der therapeutischen Situation.

In meinen jüngeren Jahren habe ich in Büchern, die ich las, "Übungen" meist übersprungen. Erst später stellte ich fest, daß gerade sie für mich zu etwas höchst Wertvollem werden konnten. Das hat mir auch gezeigt, daß ein Buch letztlich nichts Objektives ist, sondern das, was jeder einzelne Leser selber daraus macht. So hoffe ich, wenigstens einige Anstöße geben zu können, die Sie selber - so weit Sie dies möchten - mit Kopf und Herz aufnehmen und aktiv umsetzen können.

Mein Dank:
Es bleibt mir hier, dem Transform-Verlag, speziell Werner Lange, für seine freundliche Begleitung beim Entstehen dieses Buches zu danken.

Es ist mir auch ein Anliegen, allen Lehrenden und Lernenden des IKP zu danken, die durch Interesse, Fragen und Begeisterung dazu beitragen, die Körperzentrierte Psychotherapie IKP® weiterzuentwickeln und einen Teil davon in diesem Buch sichtbar werden zu lassen.

Zürich, im September 1992 Dr. med. Yvonne Maurer

Kapitel 1

Vom inneren Erfülltsein

Fragen wir uns, wann wir uns das letzte Mal glücklich fühlten! Wie lange ist das her? An welchem Ort befanden wir uns damals, was haben wir gesehen, gehört, wie war die Atmosphäre? Waren wir alleine oder mit andern zusammen und mit wem?

Und jetzt, wie ist es gerade jetzt? Was unterscheidet unseren jetzigen Gefühlszustand vom damaligen? Hier meine eigene Situation: ich schreibe an diesem neuen Text mit der inneren Haltung, den künftigen Leserinnen und Lesern bereichernde Gefühle und Gedanken zu vermitteln. Ich sitze dabei auf der Terrasse eines braun getünchten Hauses, das einige Schritte vom Ufer des Meeres zurückliegt und blicke über das hölzerne Terrassengeländer auf hellgrün gelblich leuchtende Palmen und dunkelgrüne rundlich geformte Pinien ins blaue, breit vor mir sich ausdehnende Meer.

Über dem Horizont hebt sich der etwas heller blaue, wolkenlose, lichte Himmel in die Höhe. In der Ferne höre ich das rhythmische, immerwährende An- und Abschwellen der Meereswogen. Der Morgenwind streift frisch um mein Gesicht. Ich genieße die natürliche Umgebung, die Farben, ich freue mich, kreativ tätig sein zu dürfen, es ist mir eine Lust zu schreiben. In diesem Zustand fühle ich mich glücklich. Dies ist aber nicht ganz das gleiche, wie wenn ich mich innerlich erfüllt fühle.

Wie fühlen Sie sich innerlich erfüllt?

Es gibt bestimmt keine allgemeinen Regeln dafür, wie sich ein Mensch glücklich oder innerlich erfüllt fühlen kann. Für jeden ist dies ein bißchen anders. Das ist gerade das Typische für gefühlsmäßige und seelische Belange, daß sie nie objektiv sind, sondern persönlich. Jeder Mensch ist in seiner Art, Glück oder Unglück, Erfülltsein oder Ausgebranntsein zu erleben, einzigartig. Ich möchte daher auch nicht sagen, daß Emotionales typisch subjektiv ist, sondern persönlich. Und doch gibt es eine gewisse Ähnlichkeit des Erlebens.

Vielleicht spüren auch Sie, daß, wenn Sie innerlich erfüllt sind, sich Ihr Körper leicht und geräumig anfühlt, Sie Platz haben für tiefes Atmen. Sie fühlen sich in Ihrem Körper weit, breit, nicht beengt. Der Körper ist spürbar als etwas Lebendiges, eine sichere Herberge. Wir könnten auch sagen, daß wir uns dann wie in unserem Körper verwurzelt fühlen. Dieses Gefühl haben wir aber erst so richtig intensiv, wenn sich unser Körper auch sicher auf dem Boden befindet. Dann fühlen wir uns von ihm her auch ermutigt zum Handeln.

Der Zustand inneren Erfülltseins gibt auch ein ausgewogenes, zufriedenes Seinsgefühl und läßt mit Befriedigung und Freude an unseren Freundeskreis, die Partnerin bzw. den Partner und die Familie denken. Wir haben Frieden mit unserer Umgebung und Sicherheit, die durchaus auf der Möglichkeit zur offenen Auseinandersetzung beruht. Ähnliches gilt im Zustand inneren Erfülltseins auch für den Bereich unserer beruflichen Arbeit. Wir können sie als sinnvoll erleben und uns in ihr respektiert und kompetent fühlen.

Im seelischen Bereich drückt sich inneres Erfülltsein auch im Gefühl der Zustimmung gegenüber sich selber aus. Wir fühlen uns selbst als etwas wert, bedeutsam; wir spüren unsere Eigenständigkeit, unsere Möglichkeit, aktiv zu werden, Verantwortung zu übernehmen, die verschiedenen Einflüsse, die uns in dieser komplexen Welt begegnen, gewinnbringend für uns selber und unsere Umgebung auszuwählen. Wir fühlen uns mit unseren Gedanken und Gefühlen der Welt, in der wir leben, gewachsen. Dies alles kann dann in uns den Eindruck von Harmonie, Offensein - aber doch nicht überwältigt Werden - bewirken. Wenn wir diesem Zustand Worte geben müßten, würden wir vielleicht formulieren "es ist gut so", oder auch "ich bin gut so", oder auch "wir sind gut so". In diesem ruhigen Erfülltsein gibt es keinen Druck, keine Spannung, kein Ziel, nur noch Sein. Das Gefühl, immer etwas tun zu müssen, ist verschwunden. Ich bin mir selbst genug. Ich fühle mich von mir selbst erfüllt. Ich muß nichts anderem mehr nachjagen, nicht gierig nach etwas greifen, keine Spannung durch beruhigende Medikamente oder Alkohol lösen, keine Langeweile, keine innere Leere mit nach außen gerichteten Aktivitäten oder Drogen vertreiben. Ich spüre mich und meinen Frieden mit meiner Umgebung. Ich fühle mich mit mir selbst erfüllt. Ich stimme mir selbst bedingungslos zu.

Handlungsentspannungskreis (HEK)

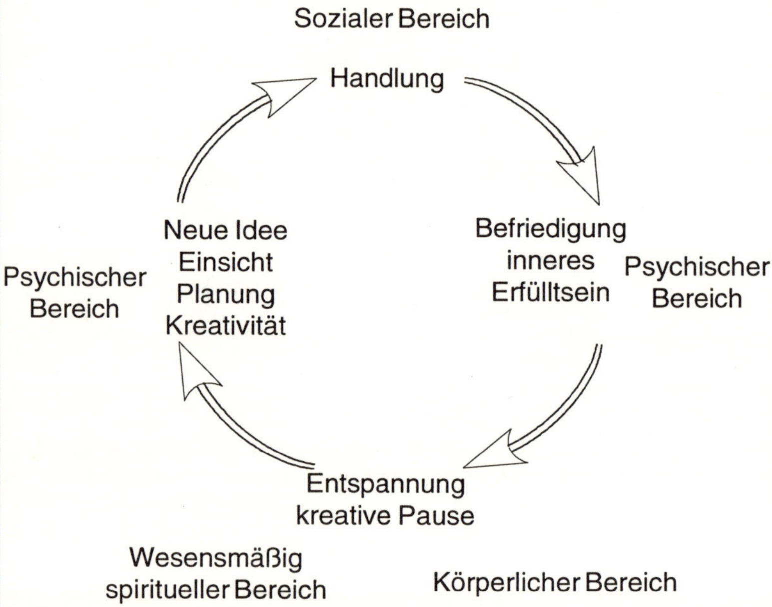

Abb. 1: Der Handlungsentspannungskreis - HEK - als dynamisches Prinzip für menschliches Gesundsein, Weiterentwicklung und Genesung. Im Verlaufe der Zeit (Pfeile) werden die vier wesentlichen Bereiche (Dimensionen) menschlichen Seins, der soziale, psychische, körperliche und wesensmäßig-spirituelle aufeinanderfolgend vordergründig erlebt. Unter Wesensbereich wird hier die gedankliche und gefühlsmäßige Rückkehr zu sich selber verstanden ("ich komme heim zu mir"). Aus dieser wohlwollenden, freundschaftlichen Zuwendung zu sich selbst entsteht die Ruhe, die mich erkennen läßt, wo und wie ich mich zu sehr fixiert habe. Gleichzeitig lerne ich, mich wieder vermehrt auf mich zu konzentrieren, spüre wieder besser mein Selbst, d.h. meine Ganzheit. Diesen Prozeß nennt man auch Meditation.

Ist dies ein Idealzustand? Keineswegs. Dieses tiefe Wertschätzungsgefühl für sich selber und den Bezug zur Umgebung zu erlangen, gehört zur Wachstumsmöglichkeit (zum Wachstumspotential) eines jeden Menschen.

Wenn es uns gelingt, diesen inneren Zustand zu erreichen, müssen wir uns bewußt sein, daß wir ihn nicht einfach behalten können, sondern ihn uns immer wieder neu erarbeiten müssen. So können wir auch sagen, daß es keine psychische Gesundheit gibt, sondern nur ein beständiges Erarbeiten von psychischer Gesundheit. Der Zustand des inneren Erfülltseins, der inneren Befriedigung ist auch nicht Endziel, sondern ein in unserem Entwicklungsprozeß immer wiederkehrender Zustand, der mit anderen Befindlichkeiten im Wechsel steht.

Inneres leer sein (Burnout)

Das Gegenteil des inneren Erfülltseins ist das Gefühl, innerlich leer, ausgebrannt, unruhig, traurig zu sein. Es kann sich anfühlen wie innerlich ausgestopft und gleichzeitig hohl zu sein. Es ist, als wenn jeden Tag etwas in uns mehr absterben würde. Irgendwie macht auch das Ganze, vor allem auch die Arbeit und oft die nächsten Beziehungen, keinen Sinn, schon gar keinen Spaß mehr. Es fühlt sich schwer an in der Brust, öfters muß tief Atem geholt werden und eine starke Sehnsucht nach Ferien, Reisen oder Pensioniertsein besteht. Häufig wird das Burnout Syndrom aber erst bei beginnender Erholungsphase so richtig stark erkannt, dann, wenn die Betreffenden merken, daß sie plötzlich wieder die Farben der Natur zu sehen beginnen, Vögel hören, die Wolken am Himmel ziehen sehen, als wäre dies das erste Mal.

Das Burnout geht oft mit dem Gefühl einher, daß das Leben wie sinnlos geworden ist, weil "Sinnen los", weil kaum mehr etwas gefühlt, gespürt werden kann. Betrachten wir das Burnout Syndrom auf dem Hintergrund des Handlungs-Entspannungs-Kreises (HEK), sehen wir, daß dieser auf Handlung reduziert wurde sowie auf den Druck, neue Gedanken und Ideen zu liefern, ohne daß das Reservoir (inneres Erfülltsein, kreative Pause) vorhanden ist (Abb. 2). Es versteht sich, daß damit auch eindeutig eine Abnahme in Quantität und Qualität der Handlungen bzw. Entscheidungen einhergeht.

Das Entstehen des Burnout (Ausgebranntseins)oder des Handlungshandlungskreises (HHK)

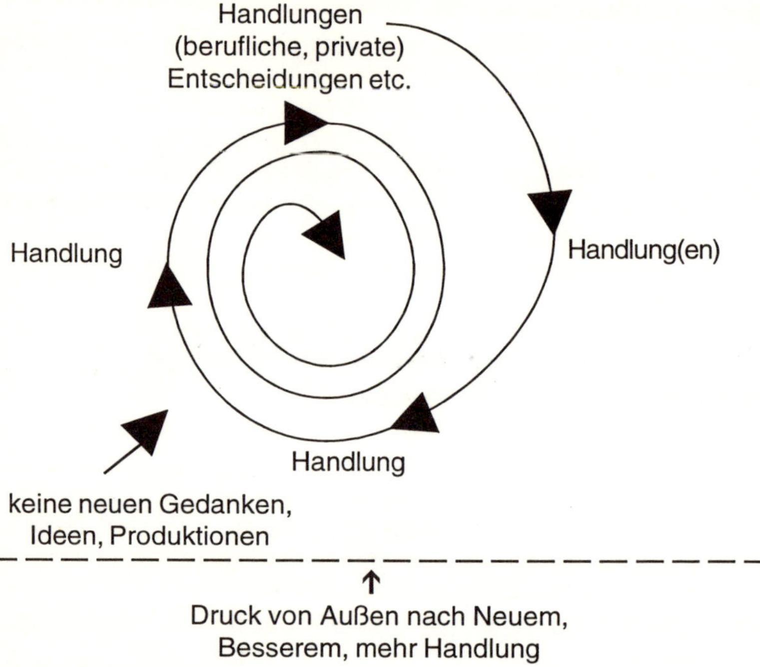

Abb. 2: Der Handlungshandlungskreis - HHK - oder das Entstehen des Burnout: Im Unterschied zum HEK (Abb.1) werden nicht mehr verschiedene Seinsdimensionen durchlebt, sondern es wird vorwiegend im sozialen Bereich gehandelt. Die Folge ist ein Gefühl des Ausbrennens, Ausgebranntseins (Burnout). Dies ist das Gegenteil des inneren Erfülltseins, Kreativseins. Burnout geht öfters einher mit leicht depressiven Verstimmungen (Druck auf Brust, Einschlafstörungen, Mattigkeit, Lustlosigkeit auch im sexuellen Bereich, vermehrtes Schwitzen etc., vgl. Abb. 4).

Potential inneren Erfülltseins

Wer Lust hat, seinen Standort zwischen innerem Erfülltsein und Burnout näher zu bestimmen, kann die nachfolgenden Fragen für sich beantworten. Dies z.B. mit "nie", "oft", "gewöhnlich", "selten".

1. Fühlen Sie sich gelangweilt, wenn das Leben seinen normalen Lauf nimmt?

2. Gehen Sie Einkäufe machen, wenn Sie sich unwohl fühlen?
3. Essen oder trinken Sie mehr als nötig, wenn Sie sich zu etwas unfähig fühlen?
4. Fühlen Sie sich in Streßsituationen weniger gelangweilt bzw. innerlich besser?
5. Finden Sie es schwierig, sich selber lobend auf die Schulter zu klopfen?
6. Haben Sie das Gefühl, Ihr Körper sei eine Belastung?
7. Erwarten Sie bei kleinen Gesundheitsstörungen Hilfe von Medikamenten?
8. Haben Sie das Gefühl bedeutend, wichtig zu sein?
9. Mißtrauen Sie Ihren eigenen Gefühlen?
10. Fühlen Sie sich gedrückt, niedergeschlagen?
11. Fühlen Sie sich kompetent?
12. Haben Sie Angst vor Nähe und Bindung?
13. sorgen Sie sich leichter für andere als für sich selber?
14. Sind Sie im privaten Bereich nicht ganz offen aus Angst vor dem Verlassenwerden?
15. Sind Sie im beruflichen Bereich nicht ganz offen aus Angst vor dem Entlassenwerden?
16. Möchten Sie die Dinge möglichst perfekt machen und kommen daher nur langsam voran?
17. Wissen Sie oft selber nicht, was Sie im Augenblick brauchen oder möchten?
18. Geht es lange, bis Sie in einem Restaurant wissen, was Sie essen möchten?
19. Haben Sie das Gefühl, das Leben hätte keinen Sinn?
20. Freuen Sie sich schon jetzt auf Ihre Pensionierung?
21. Nehmen Sie Arbeit mit ins Wochenende oder in die Ferien?
22. Empfinden Sie Ihr Intimleben als zusätzliche Belastung?
23. Weichen Sie dem, was spielerisch und lustig ist, aus?
24. Tun Sie Dinge andern zuliebe?
25. Fühlen Sie sich immer stark und versuchen, Ihre Schwächen zu verbergen?
26. Sind Sie zurückhaltend mit Gefühlen und Worten?
27. Handeln Sie nur, wenn Sie alles zuerst logisch durchdacht haben und keine Überraschungen möglich sind?
28. Haben Sie Schwierigkeiten, andere um etwas zu bitten?
29. Fühlen Sie sich häufig unverstanden?
30. Haben Sie Mühe, anderen größere Geschenke zu machen?

Wenn Sie nun wissen möchten, wo Sie stehen, können Sie Folgendes in Betracht ziehen: Viele “gewöhnlich”- und “oft”-Antworten heißt: Sie haben einen hohen Grad von Offenheit gegenüber sich selber und die Einsicht, daß das Potential (die Möglichkeit) zum inneren Erfülltsein noch lange nicht ausgeschöpft ist. Ihre Offenheit mit sich selbst wird Ihnen helfen, rasch in Ihrem weiteren Entwicklungs- und Entfaltungsprozeß voranzukommen und schließlich inneres Erfülltsein erreichen zu können. Für Sie sind viele Teile dieses Buches hilfreich. Für Sie könnte auch eine Therapie, eventuell auch ein Psychotherapie von Nutzen sein. Wenn Sie dieses Buch interessiert, weil Sie Psychotherapeut sind oder werden wollen, würde ich raten, bald mit einer persönlichen körperzentrierten Lehrpsychotherapie zu beginnen.

Viele “nie”- und “selten”-Antworten heißt:

Entweder: Ich verberge Tendenzen in mir oder vor mir (bewußt oder unbewußt), von denen ich das Gefühl habe, sie könnten als ungünstig bewertet werden. Wenn Sie dieser Gruppe angehören, kann dieses Buch für Sie eine große Hilfe sein, vor allem, wenn Sie sich entschließen, auch Hilfe von außen (Therapie) in Anspruch zu nehmen.

Oder: Ich bin so weise, seelisch stark, daß ich den meisten Menschen zur Zeit ein ideales Vorbild sein kann.

Ganzheitlichkeit und Gesundungsprozeß

Ich gehe also davon aus, daß das Burnout (Abb. 4) weder für den einzelnen Menschen noch für ganze Organisationen notwendigerweise entstehen muß, sondern daß jeder Mensch (und jede Organisation) die Möglichkeit hat, einen Wachstums- und Entwicklungsprozeß in den verschiedenen Bereichen menschlichen Seins zu machen, der zu innerem Erfülltsein (bzw. in einer Organisation zu besserer und kreativerer Produktion) führt.

Wichtig ist zu sehen, daß zum heutigen Menschsein eben diese *Arbeit an uns und mit uns selber* gehört, gerade weil wir eine so komplexe Welt um uns haben (vgl. Abb. 3 und 5). Diese Arbeit macht einen großen Teil des Sinns unseres Lebens aus. Wenn wir verpassen, unseren Jugendlichen diese Arbeit an sich selbst frühzeitig zu lehren, droht ihnen die Gefahr der Drogensucht, Erwachsenen die Gefahr des Burnouts in Beruf und Familie.

Das wahre Selbst leben

Abb. 3: Das eigene wahre Selbst leben heißt seine Ganzheit leben. Dies führt zu innerem Erfülltsein. Wie ist das möglich? Durch Aufmerksamwerden auf die inneren Bedürfnisse in den verschiedenen Seinsbereichen. Durch das Bemühen um Minischritte zur Erfüllung derselben (vgl. später auch in Kap. 5 die Verhaltensweise des "Shiftens").

Körperliche und seelische Gesundheit ist nichts Strukturelles, nichts Statisches. Auch jüngste kinderpsychiatrische Untersuchungen zeigten, daß die Art des Ablaufs von früheren Entwicklungsphasen (von extrem schweren Störungen abgesehen) nicht voraussagen lassen, wie es einem Kind im Erwachsenenalter gehen wird. Es bleibt trotz Einflüssen in der früheren Kindheit ein großer Spielraum, wo andere Gesetzmäßigkeiten für psychische und körperliche Gesundheit Einfluß nehmen. Dazu gehören der HEK (Abb. 1), das Leben der eigenen Ganzheit (anthropologisches Würfelmodell nach Y. Maurer, 1987, S.15-20) (vgl. auch Abb. 9), und das "je mehr-desto mehr Energieprinzip" (Kap. 5).

Der Weg vom Burnout zum inneren Erfülltsein ist also kein einseitiger, der sich nur auf Psychisches bezieht oder Tiefenpsychologisches (vgl. S. Freud, C. G. Jung), auch nicht nur auf das Soziale bezieht (vgl. P. Watzlawick, J. Haley etc.) oder auf das Körperliche (vgl. W.Reich, A.Lowen, G.Alexander, M.Feldenkrais, I.Rolf), sondern sich auf alle diese Bereiche gleichzeitig zu beziehen hat! Das heißt nicht, daß dies ein unmöglich zeitaufwendiger, jahrelanger Weg ist. Im Gegenteil: Wenn wir die Kernaspekte dieser Bereiche herausarbeiten und in unserem Leben zu beachten lernen, kommen wir mit relativ wenig Mühe rasch weiter. In diesem Sinne will dieses Buch Laien, solchen die sich als Klienten und Patienten fühlen, allen Personen, die das Gefühl haben, mit sich selber arbeiten zu wollen, aber auch Fachpersonen im beratenden, lehrenden, medizinischen und psychotherapeutischen Bereich eine Unterstützung geben im ganzheitlichen Denken und Verstehen des Menschen in der heutigen Zeit und im therapeutischen Handeln gegenüber sich selber und anderen.

Ein erfülltes Leben lebt,
*wer Arbeit an sich selber liebt.**

Verhängnisvoller veralteter Mythos:
"Sich mit sich selber beschäftigen,
ist ein Zeichen von Schwäche."

*Diese kursiv dargestellten Leitsätze sind von Yvonne Maurer.

Burnout (Ausgebranntsein)

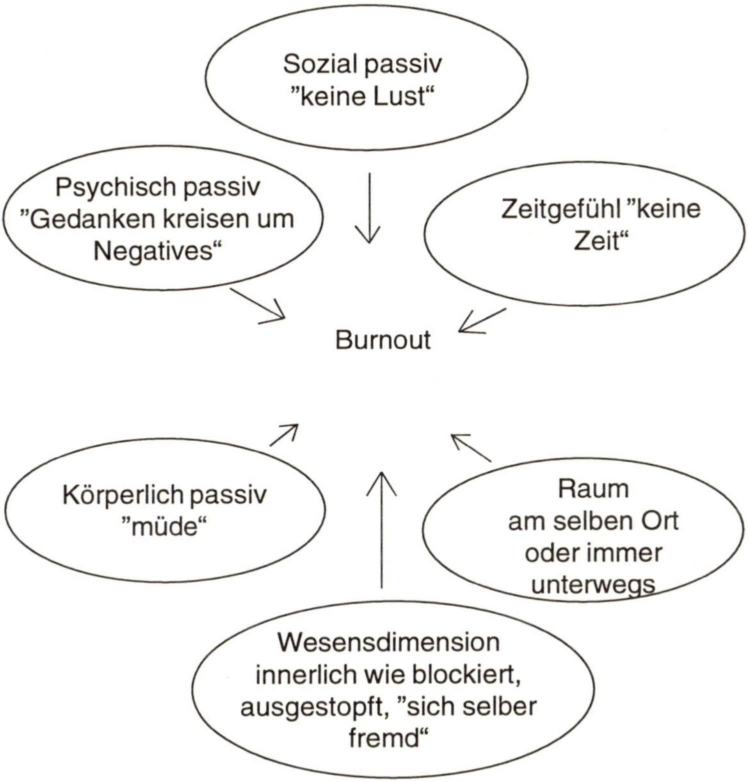

Abb. 4: Das Gegenteil des Lebens der eigenen Ganzheit (Abb. 3) ist fortwährende Einseitigkeit und führt zum Burnout (vgl. auch Abb. 2). Die Lebensenergie kann sich nicht mehr laufend erneuern und frei fließen. Dies gibt das Gefühl, immer weniger Energie zu haben.

Befreiung aus dem Burnout

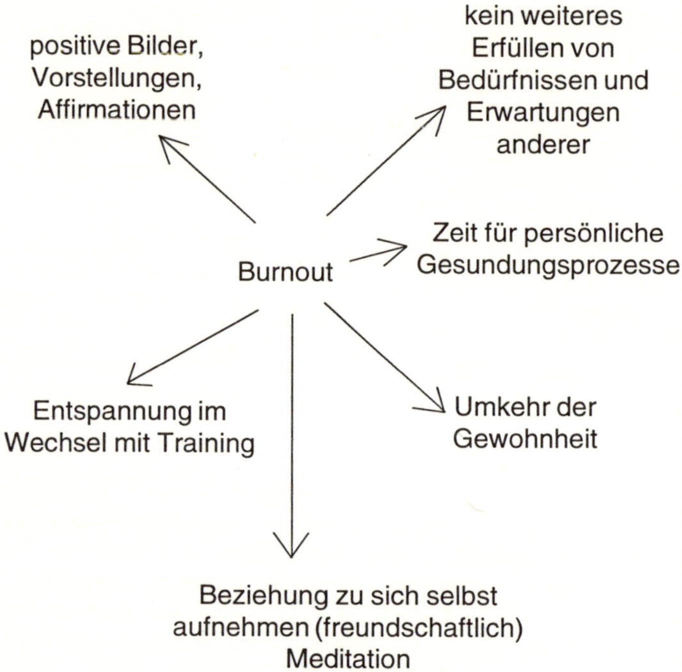

Abb. 5: Gesundungsprozeß: Arbeit an den verschiedenen Dimensionen durch sich selber oder zu Beginn mit Hilfe anderer (Freundeskreis, Familie, Therapie). Das Erfüllen eigener Bedürfnisse wichtiger nehmen als den Einsatz für andere.

Kapitel 2

Gelebte Gefühle: Befürchtungen

Niemand bestreitet den großen Wert unserer Schulsysteme, die ein hohes Bildungsniveau gewähren und damit auch die Möglichkeit demokratischer Staatsformen. Sind unsere Schulen aber zu einseitig auf intellektuelles Lernen, logisches Denken und analysierendes Beurteilen ausgerichtet, können die Gefühle zu kurz kommen.

Da unsere Zeit dadurch geradezu charakterisiert ist, daß wir Denken lernen und gleichzeitig oft das Spüren und Fühlen verlernen, sprechen wir zwar vom Überhören, Übersehen, aber nicht von Überfühlen und Überspüren. Und doch ist dies etwas, das in unserem Leben immer wieder geschieht (vgl. Maurer, Y., 1991).

Es ist das Verdienst der Gestaltpsychologie, Gestalttherapie und der Körperpsychotherapie, auf die Wesentlichkeit der Gefühle hingewiesen und Wege gezeigt zu haben, wie aufgestaute oder abgewehrte, oft in den Körper verdrängte Gefühle wieder aktiviert und bewußt gemacht werden können. Im Unterschied zu Sigmund Freud, der dafür ein langes Prozedere über Gedankenassoziationen auf der Couch vorschlug, haben wir heute direktere und einfachere Methoden, verdrängte Gefühle stärker ins Bewußtsein zu heben. Unten wird darauf näher eingegangen. Hier nur einige Hinweise: Gefühle treten stärker hervor, wenn nicht per "man", sondern per "ich" gesprochen wird, wenn im Hier und Jetzt erzählt wird, das heißt, wenn ich erzähle und sage, was jetzt gerade ist, was ich selber jetzt erlebe oder was ich glaube, was der andere erlebt. Wenn ich nicht mit Substantiven, sondern mehr mit Verben spreche.

Gefühle werden auch stärker, wenn ich etwas Konkretes, Persönliches, nicht allgemeine Tatsachen beschreibe, also beispielsweise: "Sport treiben ist gesund" und konkreter: "Wenn ich mich dazu überwinden kann, ins Hallenbad schwimmen zu gehen, fühle ich mich bereits nach 10 Minuten wieder viel frischer und munterer". Gefühle können auch durch eine besondere Art der Gesprächsführung deutlicher werden (Kap. 9) und vor allem durch Körper- und Bewegungsarbeit.

Wenn ich von Gefühlen spreche, meine ich damit den in unseren Gegenden üblichen Sammelbegriff. In der Fachsprache versteht man unter Gefühlen verschiedene Formen von Gefühlsbewegungen:

a) Gefühlsstimmungen, die mehr langfristig begleitend sind, Grundstimmung genannt,
b) Gefühle mittlerer Intensität (Emotionen), wenn mich etwas erstaunt, mich freut, etc. und
c) die starken Gefühle (Affekte), die mit vegetativen Begleiterscheinungen einhergehen wie Erröten, Schweißausbruch, Herzklopfen, kalte Hände, Schwindel oder mit Spannungszunahme im Bewegungsapparat oder den inneren Organen, etc.

Gefühle sind in einer Kultur so zentral, daß wir sagen können, Kulturen unterscheiden sich dadurch, *wie* ihre Angehörigen mit ihren Gefühlen umgehen. Umgekehrt nehmen die Erziehung der Kinder und die gesellschaftlichen und religiösen Normen einer Kultur einen wichtigen Einfluß auf die Gefühle. Auch die ganz persönliche Lebensgeschichte kann bestimmten Gefühlsäußerungen Schranken setzen oder aber sie fördern. Immer wieder gab es in der Geschichte der Menschheit Versuche, die Gefühle der Menschen, vor allem der Kinder und Jugendlichen, in bestimmte Richtungen zu lenken. Meist wurden sie gekoppelt mit Werten und dienten gewissen Staats- und Gesellschaftsformen. Ein extremes Beispiel aus Japan ist etwa die absolute Treue und Loyalität der Samurais ihren Angehörigen und Anführern gegenüber, die zusammen mit hohem Ehrgefühl beim Begehen eines Fehlers, den vielleicht niemand sonst als der Betreffende selbst merkte, sogar zum Sepuku (Selbsthinrichtung durch Schwertstoß in den eigenen Bauch) führte. Wir müssen aber nicht soweit gehen. Auch in den Schriften Sigmund Freuds wird die Meinung vertreten, die offenbar der damaligen Zeit entsprach, daß nur strikte Erziehung die rohe Aggressivität im Menschen bekämpfen könne. Ihr an die Seite stellte Freud allerdings bereits damals die Bedeutung des Unbewußten. Er hoffte, daß durch vermehrte Bewußtwerdung desselben in möglichst vielen Menschen eine friedlichere Welt entstehen könnte. Doch der Ausbruch des Zweiten Weltkrieges ernüchterte ihn diesbezüglich.

Die moderne Selbstpsychologie hat uns nun noch viel dazulernen lassen und gezeigt, daß aggressive Impulse (Wut, Zorn, Raserei) ursprünglich nicht durch Gewährenlassen, sondern durch Verletzungen und Frustrieren notwendiger Bedürfnisse entstehen.

Bedürfnissbefriedigungskreis

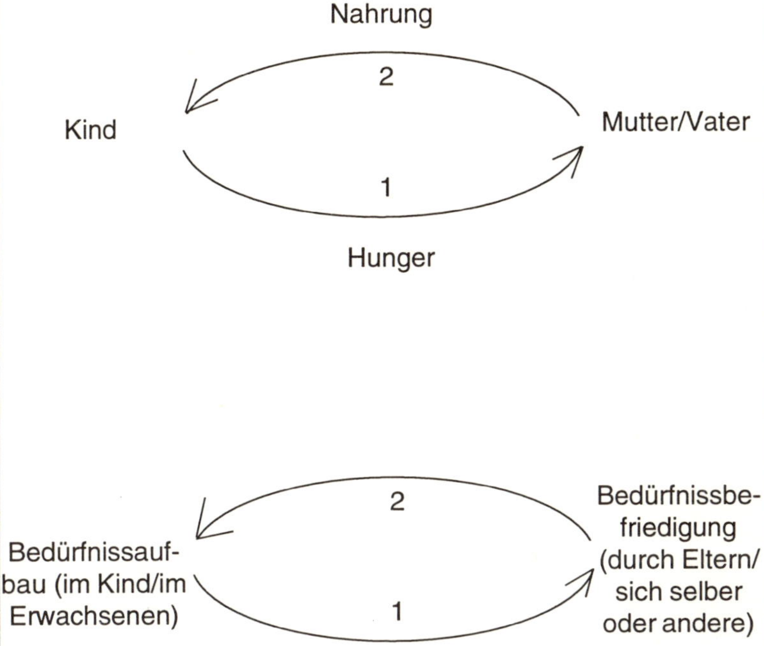

Abb. 6: Ein Bedürfnis (z.B. Essen und Trinken) wird zunehmend wahrgenommen und geäußert. Die Befriedigung führt zum Ausgleich, zur Bedürfnisabnahme.

Auf Bedürfnisse eingehen oder erziehen?

Von der Humanistischen Psychologie und der modernen Selbstpsychologie her gesehen ist der Mensch mit seinen Gefühlen grundsätzlich gut, wenn er seine Grundbedürfnisse leben kann. Ja noch mehr, er ist auch dann noch "gut", wenn er bei frustriertem Bedürfnis eine gefühlsmäßige Reaktion, Wut oder Trauer, zeigen darf. Wenn also beispielsweise, wie dies Abb. 6 zeigt, ein Kind Hunger hat und seiner Mutter dieses Bedürfnis ankündigt, gibt es mehrere Möglichkeiten. Entweder die Mutter stillt sein Bedürfnis, gibt ihm Nahrung, wodurch sein Bedürfnis nach Nahrung abnimmt (der Bedürfniskreis des Kindes wird geschlossen), oder aber (Abb. 7) die Mutter verweigert dem Kind die Nahrung, so daß sich die Bedürfnisspannung im Kinde verstärkt, bis sich die Spannung im Kind, etwa durch wütendes Schreien, Luft verschafft. Wird dies dem Kind von der Mutter gestattet, nimmt die Wut wieder ab, das Kind beruhigt sich und der Gefühlskreis wird ebenfalls geschlossen (Bedürfnis nach Wut kann gelebt werden).

Wenn hingegen das (sekundäre) Bedürnis, Wut auszudrücken oder zu weinen, zu stampfen etc.,von der Mutter *nicht akzeptiert*, ja sogar gestoppt wird, kann die Bedürfnisgestalt des Kindes nicht geschlossen werden. Es muß seine Gefühle in sich stauen. Diese Energien werden dann häufig im Körper gestaut, "versorgt" und kommen als psychosomatische Beschwerden wie Rücken-, Knie-, Muskel-, Bauch- oder Kopfschmerzen, gelegentlich sogar als Fieberschübe wieder zum Vorschein.

Wir wissen heute, daß nicht nur bei Kindern, sondern auch bei vielen Erwachsenen derartige Zusammenhänge vorkommen können. Wollen Sie dies selbst erproben?

Sie holen mit einem Arm aus, als ob Sie jemandem eine Ohrfeige geben möchten und gleichzeitig halten Sie den Arm zurück. Spüren Sie den Druck in Ihrem Arm?

Wenn dies unbewußt und chronisch an einer Körperstelle erfolgt, kann dort der Blut- und Lymphstrom nicht mehr so gut fließen und es können sich leichter entzündliche oder degenerative Prozesse bilden. Wenn also beim Kind die *gefühlsmäßige Antwort* auf eine Frustrierung (Versagung) bei wichtigem Bedürfnis verboten wurde, ist es anschließend so sehr mit dem "Versorgen" seiner Energien beschäftigt, daß es mehr mit sich selber zu tun hat als daß es frei wäre, wieder in Kontakt mit der Mutter zu treten. Dies steht ganz im Gegensatz zur Variante in Abb. 6 und 7, wo der Kontakt über die Dankbarkeit für die Befriedigung des Bedürfnisses oder auch über Wut oder Trauer wegen des Versagens des Bedürfnisses weiter besteht.

Der Kontaktabbruch bei Trauer- und Wutverweigerung kann dann leicht zu einer weiteren Unachtsamkeit des Kindes gegenüber seiner Mutter und zu erneuter Spannung zwischen den beiden

Bedürfnisverweigerungskreis

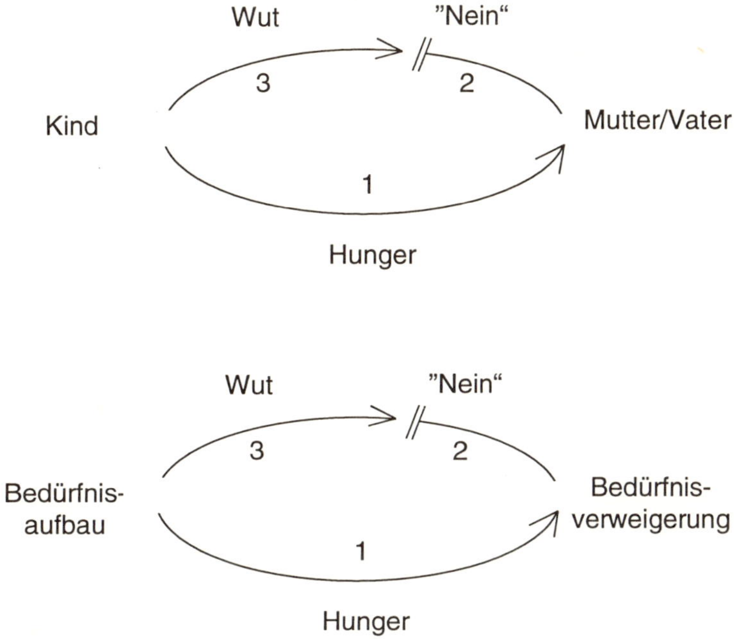

Abb. 7: Bedürfnis (Hunger) wird geäußert, aber nicht befriedigt. Dies führt zu Wut, die zugelassen wird, wodurch der Kommunikationskreis geschlossen werden kann.

führen. Noch etwas anderes geschieht, wenn die Mutter dem Kind verbietet, wütend zu sein oder traurig zu werden, wenn ihm ein Grundbedürfnis (Nahrung, Haut- bzw. Körperkontakt) nicht befriedigt wurde. Mit der Zeit lernt das Kind nämlich, daß wütend und traurig werden nur unangenehme Folgen, nämlich erneutes Beschimpfen oder Geschlagenwerden nach sich ziehen. So lernt es schließlich, diese Reaktionen in sich zurückzuhalten. Die Stimme der Mutter wird gewissermaßen in ihm verinnerlicht, es verbietet sich schließlich derartige Reaktionen selber (kritische Anteile in ihm selbst bzw. Über-Ich-Anteile). Die Erziehungsmethoden haben also "genützt". Aber nur scheinbar, da Wut und Trauer dennoch jedesmal neu entstehen, vom selbstkritischen Anteil aber in Schach gehalten werden, so daß die Spannung im Innern steigt, nach außen aber eine ruhige Fassade präsentiert werden kann. Wiederholen sich diese Erziehungsmaßnahmen, wächst die Diskrepanz zwischen innerer Spannung und ruhiger Fassade immer mehr. Sie kann noch weiter verstärkt werden durch gesellschaftliche, kulturelle und religiöse Normen.

Unterdrückte, verdrängte Gefühle sind gefährlich

Gelebte Gefühle, handle es sich nun um Trauer, Wut, Angst oder eines der anderen Gefühle, sind ein natürlicher und harmonischer an- und abklingender Lebensausdruck.

Sonneville und Mitarbeiter (1985) fanden übrigens 231 verschiedene Gefühle, aus denen sie dann zehn Gefühlsdimensionen erarbeiteten (Wut, Ängstlichkeit, Traurigkeit, Reizbarkeit, Frechheit, Gleichgültigkeit, Scheu, Müdigkeit, Gehobenheit, Gewissenhaftigkeit).

Wichtig ist zu erkennen, und bei Kindern oder bei sich selbst zu beobachten, daß Gefühle, auch heftige Gefühle, also Affekte, wenn sie ungehindert entstehen können, ansteigen in ihrer Intensität bis zu einem Höhepunkt, und wenn sie sich frei entfalten können, auch wieder abfallen in ihrer Intensität und aufhören (vgl. Abb. 8). Jedes Wütendwerden, Traurigsein, Liebesgefühl, sexuelle Gefühl, lautes Aufbegehren, Schreien, polternd auf den Tisch klopfen, beginnt, nimmt zu und flaut wieder ab. Das ist das Typische für Gefühle. Nur dann sind diese Gefühlskurven gestört, wenn Gefühle unterdrückt, längere Zeit aufgestaut, verboten werden. Daher folgen auf Unterdrückungszeiten meist gewaltige Revolutionen. Vielleicht aufgrund der Erlebnisse mit den Folgen aufgestauter, verdrängter Emotionen ist der Aberglaube tief verwurzelt, Gefühle seien gefährlich. Nicht nur einzelne Menschen, sondern ganze Kulturen, weltweite Religionen, Gesellschaftsstrukturen, leben mit der Angst, Gefühle könnten ins Unendliche wachsen, zur Katastrophe führen (vgl. Abb. 8). Sie glauben, daß beim durchschnittlichen Menschen Gefühle und auch Bedürfnisse sich laufend steigern, bis sie nicht mehr gebremst werden können. Durch Gesetze, Verbote, Anregung zum indirekten

Üblicher Ablauf von Gefühlsaufwallungen (Afffekten)

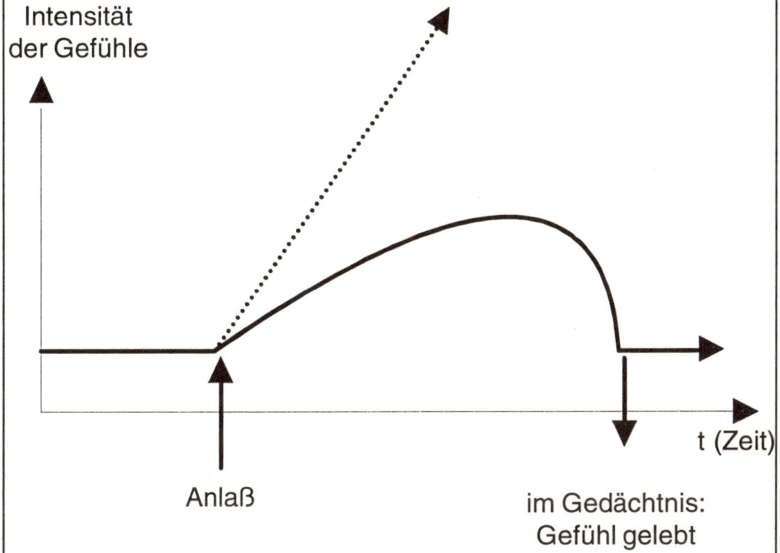

Abb. 8: Gefühle und starke Gefühle (Affekte) nehmen - wenn sie nicht behindert werden - zu, dann wieder ab. Nur wenn Gefühle immer und immer wieder gestoppt und verdrängt werden müssen, kann eine plötzlich abnorme Intensität entstehen (vergleiche Punktlinie).

Ausdrücken der Gefühle in Kunstwerken (Sublimation) sollen den entstehenden Gefühlen und Bedürfnissen Zügel angelegt werden. Und was geschieht, wenn der "erlaubte" Rahmen zu eng ist? Die an sich harmlosen Emotionen werden im Menschen, in dessen Gedächtnis, Körper, gestaut, immer mehr, bis sich so viel Druck bildet, daß sie sich bei gegebenem Anlaß plötzlich, alle Bewußtseinsschranken durchbrechend, mit verletzender, enttäuschender, gewalttätiger, mörderischer oder selbstmörderischer Wucht entladen. Es gibt allerdings Einschränkungen, auf die ich gleich zurückkommen werde.

Je mehr Verbote, desto mehr Verbote

Wichtig ist, daß, je enger die Spielräume, die begrenzenden Schranken, für die Gefühle werden, es desto mehr Schranken braucht, weil der Druck, die Schranken zu durchbrechen, immer größer wird. Ein einfaches Beispiel haben wir in den verschiedenen Verkehrsregelungen verschiedener Länder. Je mehr Rotlichter, Stoppstraßen, Schikanen, Radarkontrollen etc. gemacht werden, desto hektischer, aggressiver, unfreundlicher wird das Verkehrsverhalten. Diese Situation kann in vielen Ländern Europas beobachtet werden, nicht zuletzt in der Schweiz.

Das Autofahren beispielsweise in den USA ist viel ruhiger, gelassener, sorgfältiger. Diese Gesetzgebung scheint darauf angelegt, daß der Verkehr flüssig ist, kein unnötiges Warten stattfindet, derjenige Vortritt hat, der zuerst auf eine Kreuzung kommt, etc. Von daher können wir auch schließen, daß, je weiter die gesetzlichen Rahmen und die Toleranz für Emotionen sind, je mehr dem Menschen vertraut wird, daß er seine Gefühle zulassen und in Eigenverantwortlichkeit steuern kann, desto größer die Chance einer friedlicheren Welt wird. Je enger die Gebote und Gesetze, desto mehr besteht die Gefahr von Mord, Totschlag, Krieg oder aber von psychosomatischen Krankheiten.

Ich habe bereits erwähnt, daß ich noch auf Ausnahmen zu sprechen kommen werde. Es gibt erblich mitbedingte psychische Erkrankungen, bei denen die Menschen in bodenlose Trauer versinken oder sich in unkontrollierbare Wut steigern, was allerdings dann meist ein über Tage sich langsam entwickelnder Prozeß ist. Diese Menschen können sich selbst oder andere mit der Zeit gefährden. Es ist mir aber wichtig, hier festzuhalten, daß mit plötzlicher unkontrollierbarer Wut eher Personen reagieren, die in sich aufgestaute Wutgefühle haben und nicht zu den erblich mitbedingten psychisch Kranken gehören.

Bei Letzteren bauen sich derartige Verstimmungszustände meist über Tage und Wochen langsam auf, so daß sie von ihren Angehörigen noch rechtzeitig einer Therapie zugeführt werden können. Sehen wir von diesen Beispielen ab, hat das oben beschriebene Modell für unsere Gegenden Gültigkeit, wenn man einschließt, daß schon Einflüsse in den ersten Lebensjahren einen Menschen dazu führen können, ein zu enges Verbotssystem (verbietende Selbstanteile) in sich zu entwickeln, die später zu gefährlichen Impulsen führen können .Zu den eben genannten Einflüssen in der ersten Säuglings- und Kleinkindzeit kommt es, wenn ungenügend und ungenau auf die Signale eines Kindes eingegangen wird. Ein Beispiel: Ein einjähriger Knabe geht mit einer Puppe in der Hand auf den auf einem Stuhl sitzenden Vater zu. Er streckt die Puppe ihm entgegen. Nun nimmt der Vater nicht zunächst freundlich die Puppe an und nimmt dann wahr, was das Kind wünscht, sondern faßt recht unsanft nach der Puppe, legt sie weg und nimmt den Kleinen auf die Arme. Das vordergründige Bedürfnis des Kindes war, dem Vater die Puppe zu geben. Der Vater hat dies entweder falsch verstanden oder hat sein Bedürfnis, das Kind hochzunehmen, diesem aufgedrängt. Ist das Kleinkind für den Vater oder der Vater für das Kleinkind da? Entwicklungspsychologisch betrachtet wird der Vater ein gesünderes Kind haben, wenn er lernt, die Gefühlswünsche und Bedürfnisse des Kindes (vor allem des Kleinkindes!) zu beachten und es nicht mit seinen Wünschen und Bedürfnissen zu überrollen. Auch nur fein aufgedrängtes Ansichdrücken, Küssen, oder umgekehrt Überhören oder gar Abweisen des kindlichen Wunsches nach Nähe, nach Schmusen, das Kind wegschicken, es lange allein spielen lassen, um auf dem Spielplatz zu lesen, können beim Kind ein bedürfnisgerechtes Sichentwickeln verhindern.

Ich möchte hier noch anfügen, daß Bedürfnisse sich grundsätzlich auch wie Gefühle verhalten. Sie weiten sich nicht ins Endlose aus. Das zeigt sich schon bei den körperlichen Bedürfnissen: Ein Durstgefühl wird mit einem bestimmten Anteil an Flüssigkeit befriedigt und klingt wieder ab.

Aufgestaute Gefühle und Bedürfnisse: was tun?

Die Angst vor eigenen und fremden Bedürfnissen und Gefühlen findet sich vor allem bei Menschen, die eigene aufgestaute Bedürfnisse und Gefühle in sich herumtragen. Sie fürchten, sie könnten die Kontrolle verlieren und sich selbst oder andere ins Unglück stürzen. Diese Angst kann sogar berechtigt sein. Es kann daher nicht darum gehen, alle Menschen nun aufzufordern, ihre Gefühle und Bedürfnisse schrankenlos von heute auf morgen zu leben. Es ist aber auch keine

Lösung zu empfehlen, aufgestaute Emotionen weiterhin zurückzubehalten und sich der Gefahr eines plötzlichen Durchbruchs in einer ganz ungünstigen Situation auszusetzen. Wenn eine derartige Angst vor einem Durchbruch besteht, kann dies zweierlei bedeuten: entweder daß die Person ängstlich ist und daß ein kleiner Schritt im Freierwerden möglich wäre, ein Schritt, dem dann später ein anderer folgt, oder aber die Situation ist wirklich bedrohlich und der schützende Rahmen einer emotionszentrierten bzw. körperzentrierten Beratung oder Psychotherapie dringend nötig. Es könnten dadurch viele Unfälle und Verbrechen verhindert werden.

Der Umgang mit Gefühlen hat auch sehr viel zu tun mit der Verbesserung der eigenen Selbstwahrnehmung. Je besser ich mich selbst wahrnehmen kann, das heißt, je schneller ich auch feine Gefühlsregungen in mir zu spüren lerne, desto feiner kann ich sie steuern und sie für mich selbst und mein soziales Umfeld fruchtbar einsetzen (vgl. auch Kapitel 5 in Maurer, 1987). Wahrnehmungsübungen, Selbst- und Fremdwahrnehmungstraining sind daher grundlegend für den Umgang mit Gefühlen sowohl im Privatleben und am Arbeitsplatz als auch in Therapie, Psychotherapie und Beratung. (Vgl. auch diesbezügliche Kurse am Institut für Körperzentrierte Psychotherapie, IKP, Zürich).

Bedürfnisse unbefriedigt, Gefühle abgewürgt, macht grob, gierig, süchtig, brutal und unbegehrt.

Veralteter Mythos:
"Wer sein Kind liebt, züchtigt es."

Kapitel 3

Wie verhilft Körperzentrierte Psychotherapie IKP zu innerem Erfülltsein?

Einige persönliche und berufspolitische Vorbemerkungen

Immer wieder in der Geschichte der Philosophie, der Wissenschaften, der Medizin, der Psychologie, hat sich gezeigt, daß das Bisherige vom Neuen, derzeit Gemäßeren, überholt wurde. Handle sich dies nun um Ansichten, Denkweisen oder Verfahren.

Auch in der Psychologie, der Psychiatrie und der Psychotherapie stehen wir heute an einem Wendepunkt. Wir haben nachgewiesenermaßen eindeutig bessere und raschere Heilungserfolge, wenn wir zusätzlich zum Gespräch, zur Erkenntnisebene, die Gefühle direkter ansprechen und den Körper in die Therapie einbeziehen. Immer wieder hören wir daher, diese Art Therapie hat mir in wenigen Stunden viel mehr geholfen als eine jahrelang dauernde Psychoanalyse oder eine reine Gesprächstherapie. Weil es heute davon so viele Beispiele gibt, dies eine derart selbstverständliche Erfahrung geworden ist, können wir sagen, daß dies so wahr ist, wie sich die Welt um die Sonne dreht.

In der Schweiz scheint man dies langsam zu erkennen. Wohl auch deswegen, weil an verschiedenen Universitäten das Ringen um eine ***ganzheitliche*** Sicht des Menschen angelaufen ist, z.B. unter dem Stichwort Bio-Psycho-Sozial (Pauli, H., 1988 a und b, Heim, E., 1992, Pöldinger, W., 1990, Hobi, V., 1990). Das ist wohl der Vorteil kleiner Länder, daß sie aufgrund der übersehbareren Strukturen flexibler und offener sind Neuem gegenüber.

Traurigerweise werden aber trotz vorhandener wissenschaftlicher Studien emotionszentrierte und körperorientierte Psychotherapien in verschiedenen umliegenden Ländern von diversen etablierten Psychotherapeuten alter Schulen zur Zeit noch bekämpft. Dies entweder aus machtpolitischen Gründen oder wohl viel mehr aus Unkenntnis der Erfolge neuer emotions- und körperorientierter Psychotherapiemethoden.

Vielleicht ist es auch die Gefahr, ihre bisherige Arbeit in Frage stellen oder Neues dazuzulernen zu müssen oder vor lauter Kopflastigkeit nicht mehr spüren zu können - was neben finanziellen Aspekten dazu beiträgt, diese neuen Möglichkeiten abzuwehren, zu verdrängen und beim bekannten Alten zu bleiben. Und natürlich, Therapie ist oft (nicht immer!) besser als gar nichts.

Meine Ethik sagt mir, daß wir heute alle Menschen darüber informieren müssen, daß die ganzheitlichen Psychotherapieansätze wirksamer, erfolgreicher, rascher und daher auch billigere Heilungen ermöglichen. Voraussetzung ist selbstverständlich eine seriöse Ausbildung, die von Anfang an breit, d.h. auch ganzheitlich angelegt sein muß, weil es sonst sehr schwierig ist, das Einseitige zugunsten des Ganzheitlichen wieder zu verlassen.

Ein Psychiatrieprofessor, langjähriger Leiter einer psychiatrischen Klinik in Deutschland, sagte mir vor drei Jahren: "Es ist traurig zu sehen, wie viele junge Assistenzärzte einige Zeit nach Beginn ihrer Psychoanalyse so gedrückt scheinen, den Kopf hängen lassen, wie sie in sich zusammenfallen". Das war mir nichtsNneues. Mir ging das auch so. Ich habe in meiner eigenen Psychoanalyse bei einem weltweit bekannten Psychoanalytiker gelitten wie nie zuvor. Ich habe die desintegrierende Wirkung dieser 300-stündigen einseitigen Analyse auf der Couch gespürt, und ich habe gefühlt, wie ich - die ausgebildete Turn- und Sportlehrerin und Ärztin - meinen Körper abspalten mußte. Dies war für mich der Ausgangspunkt zur Begründung dieser neuen ganzheitlichen Psychotherapie, der Körperzentrierten Psychotherapie IKP. Andere sollen nicht so leiden müssen wie ich, dachte ich damals. Meine gesunden Anteile, gestärkt durch die Ausbildung in Gymnastik und Sport, ließen mich damals neue Ressourcen mobilisieren. Ich heilte mich, noch ohne es zu wissen, mit meinem eigenen künftigen Therapieansatz.

Unsere Ausbildungskandidaten, die ihre eigene Einzeltherapieerfahrung in Körperzentrierter Psychotherapie IKP (früher "Lehrtherapie" oder "Lehranalyse" genannt) machen, blühen im Gegenteil auf, werden strahlender, energievoller, innerlich erfüllter, selbstbewußter: Es ist schön, zuzuschauen.

Das anthropologische Würfel-Modell (Maurer-Würfel)

Der "Würfel" wurde von mir als Symbol für das ganzheitliche menschliche Sein gewählt, da er gleichzeitig die Einheit, die Vielfalt und die Eigenbedeutsamkeit der verschiedenen Seinsdimensionen im Menschen betont. Das Würfelmodell habe ich 1985 als didaktisch nützliches ganzheitliches Menschenmodell für Therapie und Wohlbefinden des Menschen entworfen. Dieses ganzheitliche anthropologische Modell kann vereinfacht statt mit dem dreidimensionalen Würfelsymbol auch mittels Sechseck zweidimensional dargestellt werden (vgl. auch Abb. 10 und 22).

Wenn die funktionalen Ebenen "wahrnehmen", "denken", "fühlen", "handeln" in das Modell integriert werden, bewährt sich didaktisch auch das zylinderförmige Modell (Abb. 11 oder Abb. 12). Betreffend Modellen in der Psychotherapie vgl. auch Maurer, Y., 1993.

Je reifer und ganzheitlicher der Therapeut,
desto wohltuender die Psychotherapie.

Veraltete Mythen:
"Psychotherapie macht leiden."
"Die radikalste und erfolgversprechendste
Psychotherapie ist die Psychoanalyse."

Das anthropologische Modell kann auch als dynamisches Modell im Sinn von Regelkreisen dargestellt werden. Abb. 13 zeigt modellhaft, wie die Seinsdimensionen als Regelkreise zusammenhängen und ein vernetztes System bilden. Raum und Zeit betrachte ich in diesem Modell ebenfalls als Regelkreis, da sie jeden Menschen in unserer Kultur grundlegend beeinflussen.

Um eine bestimmte Zeit, z.B. für den Arbeitsbeginn einzuhalten (Sollwert) muß ich, wenn ich den Wecker überhört habe, die Geschwindigkeit beim Aufstehen und auf den Bus Gehen (körperliche Dimension) steigern, weniger Gespräche führen (soziale Dimension), meine morgendlichen meditativen Körperübungen verkürzen (Wesensdimension) und mir Gedanken machen, wie ich doch noch zur Zeit dort sein kann (psychisch-geistige Dimension).

Anthropologisches Würfelmodell nach Dr. Yvonne Maurer

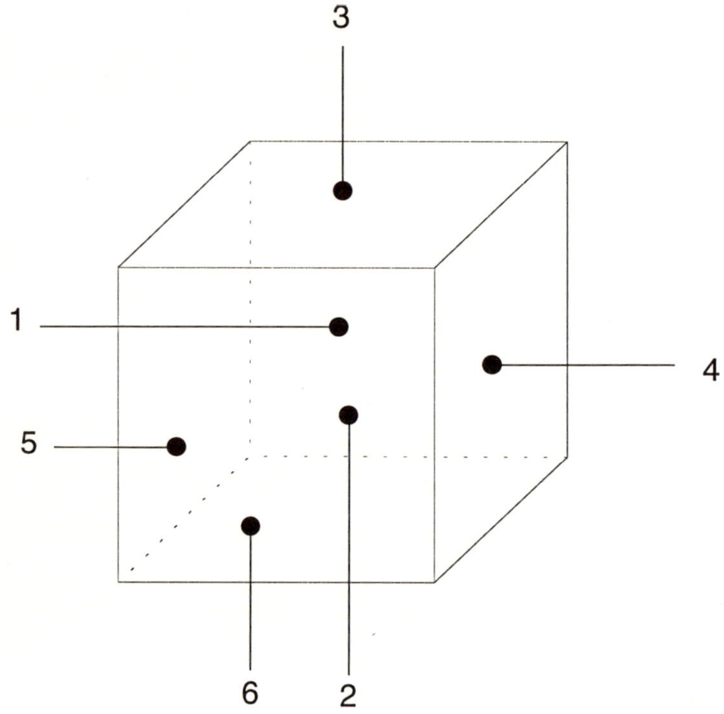

Abb. 9: Wesentliche Dimensionen menschlichen Seins (aus didaktischen Gründen vereinfacht dargestellt).Dieses gleichseitige Würfelmodell ist ein Idealfall: man muß sich das Modell flexibel verformbar vorstellen. Im Alltag haben wir oftmals "än Eggä ab“ (eine Ecke weg) meinte einer meiner Studenten auf schweizerdeutsch.

Näheres zu den einzelnen Seinsdimensionen geben erläuternde Stichworte zur Abbildung.

Dieses Würfelmodell entspricht redaktionell verändert und ergänzt demjenigen von Maurer, 1987, S. 15 - 20)

Erläuterungen zur Abb. 9:

1) Psychisch-geistige Seinsdimension
   - Ich/Es/Über-Ich
   - Bewußtes/Unbewußtes
   - Libido
   - Ich-Psychologie
   - Gefühle, (ethische, soziale, ästhetische, Liebe/Haß, etc.)
   - Einsicht, Erkennen, Philosophieren
   - wissenschaftliches Bewußtsein
   - Innerer Dialog
2) Körperliche Seinsdimension
   - genetische, biologische und physiologische Aspekte
   - non-verbales Verhalten
   - Trainingszustand
   - Gefühle (z.B. körperliche Frische, Kraft, etc.)
   - Sensory Awareness
   - Körperbewußtsein
3) Wesensmäßig-spirituelle Dimension
   - tiefe Selbsterfahrung
   - prozeßhaftes ("mystisches") Bewußtsein
   - transpersonales Erleben, Einfühlen und Handeln (Zusammenhänge zwischen Selbstentfaltung und größerem Ganzen erfassen)
   - Liebe als Grundmotivation und handelnde Grenzerfahrung
   - vollkommene Harmonie, Zusammenschau
4) Soziale Dimension
   - Beziehungen im privaten und beruflichen Bereich
   - Berufl. Kompetenz
   - Engagement und Verbundenheit mit Wohnort, Gemeinde, Land
5) Raum
   - hier sein, am Ort sein, dort sein, unterwegs sein, hin und her wechseln, Qualität des Raumes (Ökologie)
6) Zeit
   - Gegenwart, Vergangenheit, Zukunft
   - meine Zeit
   - Zeit für mich
   - Deine Zeit
   - meine Zeit für Dich
   - Deine Zeit für mich

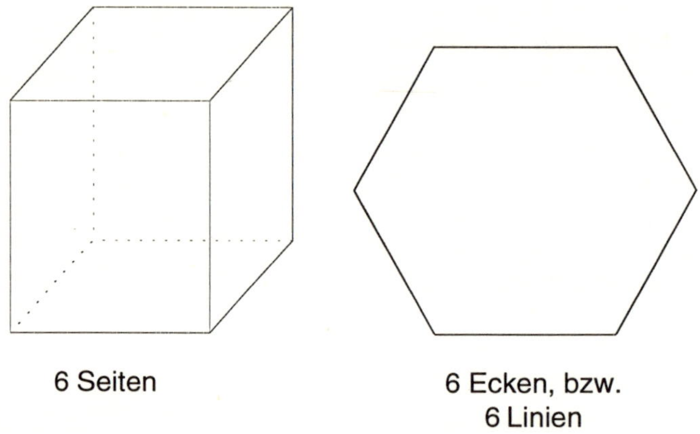

Abb. 10: Formwechsel innerhalb des ganzheitlichen anthropologischen Modells: vom "Würfel" (Hexaeder) zum Sechseck (Hexagon), zwecks einfacherer Darstellungsmöglichkeit von Abläufen innerhalb der Dimensionen (vgl. praktisches Beispiel in Abb. 29)

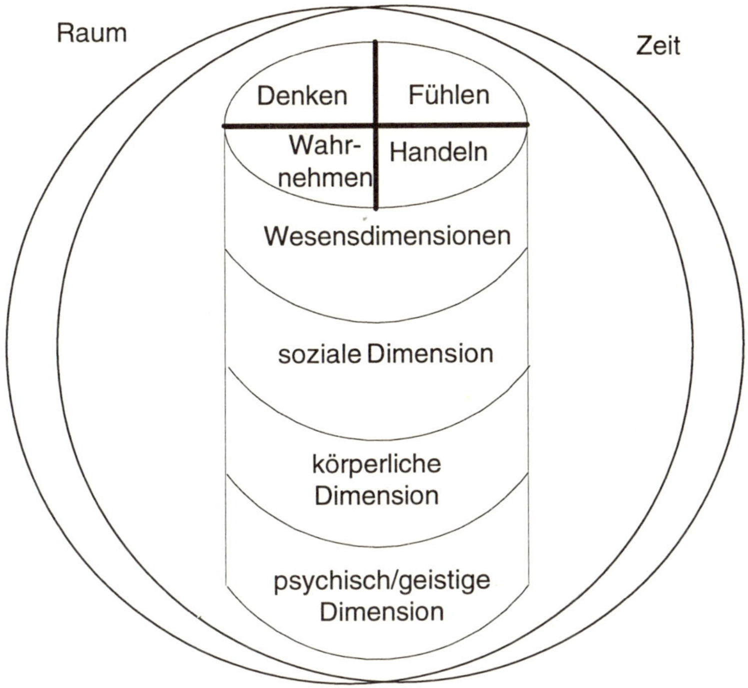

Abb. 11: Vier funktionale Ebenen und vier wesentliche Dimensionen menschlichen Daseins in Raum und Zeit (vgl. ähnliches Modell von Maurer und Riedle, 1990)

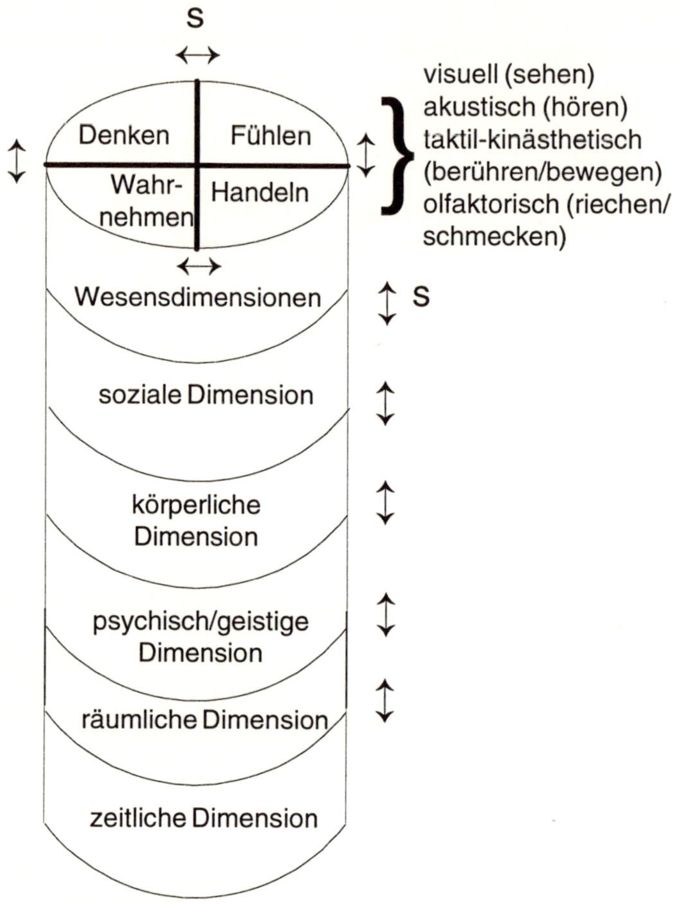

Abb. 12: Vier funktionale Ebenen und wesentliche Seinsdimensionen. Das Modell besagt, daß alle Vorstellungen, Ziele, Probleme, Lösungsversuche unter diesen Teilaspekten gesehen werden können. (Hier mindestens 96 mögliche Teilaspekte). Zur ganzheitlichen Sicht gehört auch das Erkennen der Vernetzung der Teilaspekte. Bei diesem Modell wurde auch der Bezug zum unterschiedlichen Einbezug unserer Sinneskanäle (VAKO) hergestellt (vgl. auch Abb. 21, 22 und 23).

zeitliche Dimension
Problem: zu knappe Zeit (Sollwert +++)

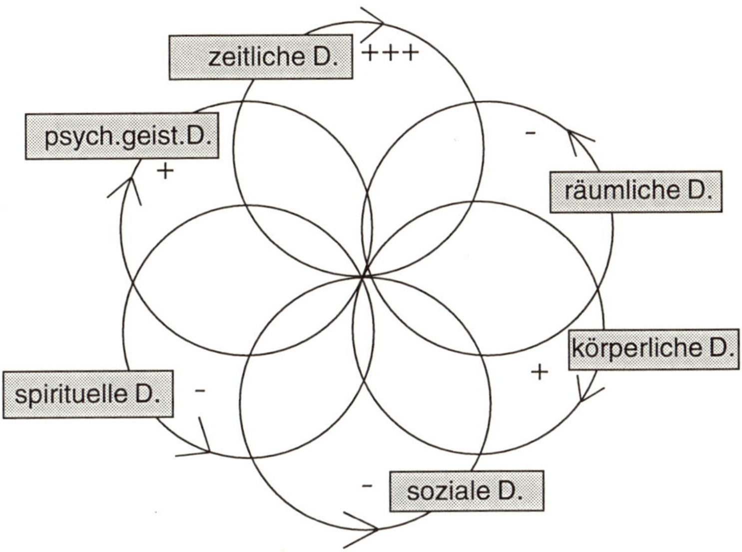

Abb. 13: Die Seinsdimensionen, wie sie im anthropologischen Modell (Würfelform, Zylinderform) dargestellt wurden, hängen als Regelkreis zusammen und bilden ein vernetztes System. Wenn ich mich beeilen muß (Dimension der Zeit, vgl. Bsp. unten) muß ich mich schneller bewegen, d.h. Aktivierung (+) der körperlichen Dimension, Drosselung (-) der sozialen Dimension, der Wesensdimension, Aktivierung (+) der psychisch-geistigen Dimension.

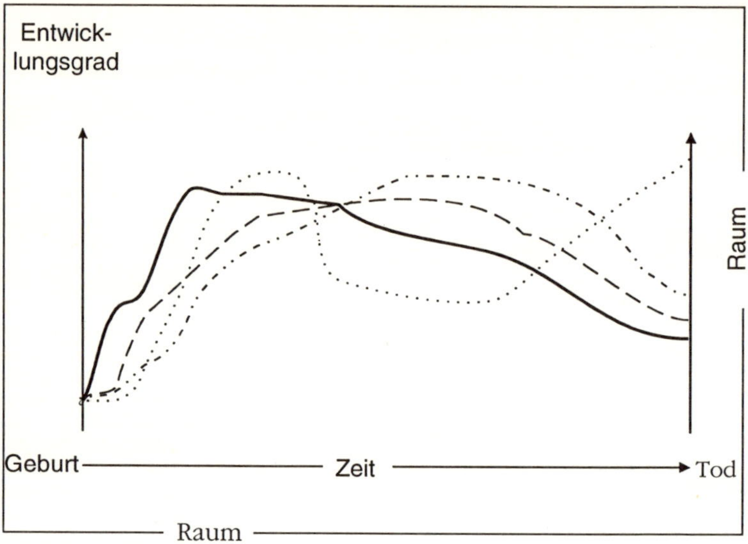

Körperliche Dimension (———)

Optimales Wachsen und Funktionieren, taktiles und kinästhetisches Wahrnehmen, Kraft, Beweglichkeit.

Psychische Dimension (--------)

Psychische Entfaltung, Wahrnehmen von Bewußtem und Unbewußtem, gefühlsmäßige Beziehung zu anderen und sich selbst. Geistig-intellektuelle Schulung, Denken.

Soziale Dimension (--•·--•·--)

Soziale Integration aktive Beziehungsaufnahme, Kontakte, Kommunikation, Beziehungen, Intimität, Verantwortung, Aufgabe, Beruf, Handeln, Einfluß.

Wesensdimension (.............)

Spirituelle Reife, Transzendieren von Raum, Zeit, Psychischem, Sozialem, Körperlichem: von Leben und Tod. Jugendideale, meditieren, wahres Selbst.

Abb. 14: Das anthropologische Würfelmodell von Dr. Y. Maurer als bio-psycho-sozial-spirituelles Diagramm menschlichen Lebens im Längsschnitt der Zeit und im Raum dargestellt. Zu verschiedenen Zeiten im Leben werden gewisse Seinsdimensionen, die körperliche (bio), die geistig-psychische (psycho), die soziale (sozial), die wesensmäßig-transzendente (spirituelle) stärker entfaltet und vordergründiger, wichtiger.

Die Seinsdimensionen und ihre vernetzten Wachstumsprozesse mit Sollwerten

In der Menschheitsgeschichte ist bisher Wachstum erfolgt, sowohl in quantitativer (Anzahl Menschen) als auch in qualitativer Hinsicht (Evolution vom Urmenschen zum Zivilisierten).

Wie wächst und entwickelt sich nun der einzelne Mensch, wenn wir vom anthropologischen Würfelmodell ausgehen?

Zeitlichen gesehen können wir feststellen, daß ab Geburt, von außen betrachtet, die Entfaltung zunächst in körperlicher, dann sozialer, räumlicher, psychischer und schließlich spiritueller Hinsicht etwas stärker erfolgt.

Auch diese Folge von schwerpunktmäßig stärkerem Wachstum der einen oder anderen Dimension bei gleichzeitiger Weiterentwicklung der übrigen, zeigt erneut, wie zwischen den genannten Seinsbereichen Einheit aber gleichzeitig auch Eigenständigkeit bestehen (Abb. 14).

Es ist, als ob der Wachstumsprozeß im Menschen nicht nur im körperlichen Bereich bestimmten körperlich gegebenen Zielen (Längen-, Breitenwachstum, Größe, Reifung des Zentralnervensystems, etc.) folgt, sondern auch in der Dimension des Sozialen, Psychischen, der Raumbewußtheit und im spirituellen Bereich gewissen Sollwerten (Zielen) entgegengeht. Einige davon sollen gleich hier folgen, andere weiter unten und unter einem anderen Aspekt.

Diese Sollwerte sind, im körperlichen Bereich durch die biologische Forschung am deutlichsten bekanntgeworden. Ziel körperlicher Funktionen ist die optimale und möglichst lange Funktion.

Im sozialen Bereich können wir die Sozialisation, d.h. soziale Integration, hervorheben durch Eltern, Schule, Beziehungen, Institutionen, Erwachsenenbildung. Ziel ist das beziehungsmäßige Verbundensein mit der Umgebung und die soziale Vernetzung, das eigene verantwortungsvolle Aktivwerden in dieser sozialen Umgebung (Partnerschaft, Familie, Geschäft, Gemeinde, Land, Welt).

Auch die Entfaltung im geistig-psychischen und spirituellen Bereich des Menschen ist auf Ziele hin gerichtet. Diese sind abhängig von der Umgebung und der Fähigkeit, selber aktiv zu werden.

All diesen genannten Wachstumsprozessen liegen Wachstumsbedürfnisse zu Grunde. Sehen wir uns einmal diese Bedürfnisse näher an,um die Wachstums- und Entwicklungsprozesse besser zu verstehen. Abraham Maslow hat ausgehend von der Motivations-

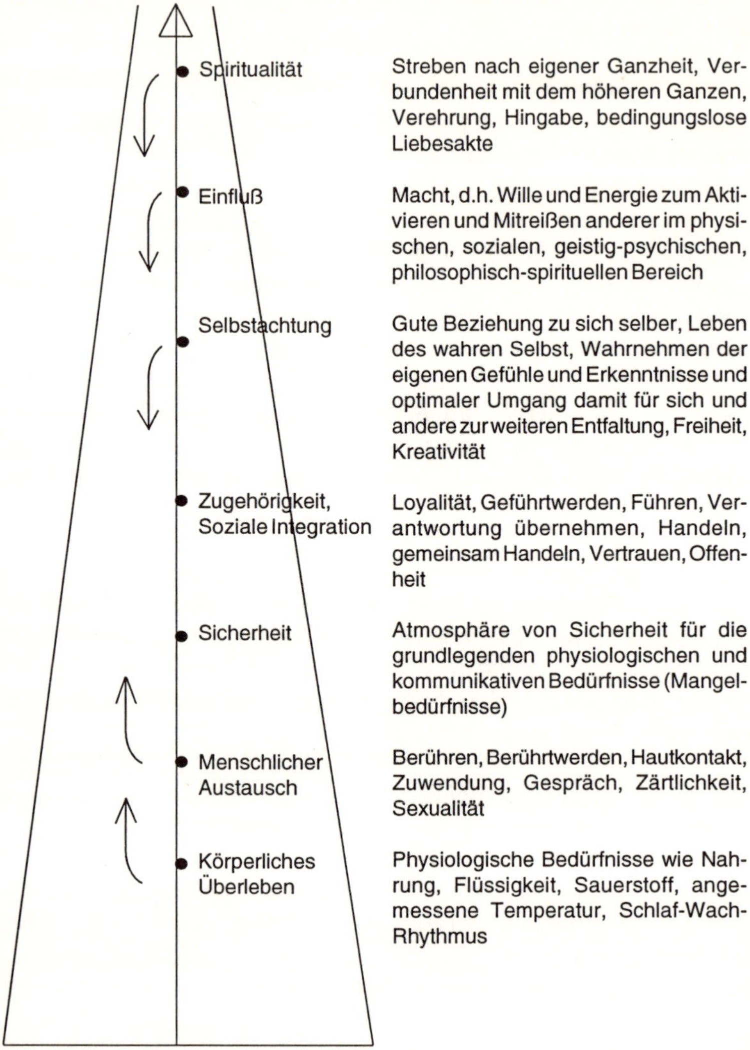

Abb. 15: Wachstumsbedürfnisse
Eine Hierarchie menschlicher Bedürfnisse (zusammengestellt zum Teil aus Maslow, 1968, Whitfield, 1989, sowie eigenen Erfahrungen und Konzepten). Links vom Hauptpfeil deuten kleinere, nicht überall gezeichnete Pfeile auf die Aus- und Rückwirkungen hin.

psychologie dieses Gebiet als einer der ersten erforscht (1954, 1968) (vgl. auch Abb. 15).

Den verschiedenen Seinsdimensionen entsprechend, entwickelt der Mensch auch **verschiedene Arten zu denken**. Zudem findet er für die verschiedenen Seinsdimensionen auch **andere Ziele**. Menschliche Realität ist nicht die eine oder die andere, sondern immer alle Dimensionen, alle Denkansätze und Ziele zusammen. Dies alles wickelt sich auf dem Hintergrund der Dimension der Zeit ab, wo nicht alles gleichzeitig stattfindet, sondern sich eben auf die Zeit ausdehnt.

Dieser Bezug des Wachstums zur Zeit ist beim organischen Wachstum besonders wichtig: überstürztes, sogenanntes exponentielles Wachstum eines Anteils ohne Berücksichtigung der übrigen Teile des Gesamtsystems führt leicht zum Absturz, zur Entartung. So kann das wilde Wachstum von Krebszellen mit der Zeit den gesamten Organismus schwächen und zerstören. Auch zu rasche, einseitige Aktivierung in einer Seinsdimension bis über einen Grenzwert kann schaden. Ein über längere Zeit innerhalb einer gestörten partnerschaftlichen Beziehung vereinsamter Mensch kann z. B. durch zu raschen Einbezug in eine größere und emotional intensive Gruppe vom äußeren, sozialen Rahmen so absorbiert werden, daß er wie sich selber verliert und dadurch das lang ersehnte gefühlsmäßige Zusammensein nicht genießen, bzw. gar nicht erst annehmen kann (Abb. 16). Statt Gruppentherapie wäre Einzeltherapie organischer, nützlicher gewesen (Abb. 17).

Entwicklungsprozesse finden auch nicht nur an einem Ort statt, sondern in räumlicher Ausdehnung an vielen verschiedenen Orten und in unterschiedlicher Umgebung. So kommt es, daß, wenn ein Mensch vor allem am gleichen Ort gelebt hat und seine Umgebung nach vielen Jahren endlich einmal wechselt, er plötzlich einen großen Wachstumsimpuls verspüren kann, sich aufatmend befreit fühlt, weil er seine Dimension des Raumes besser zu leben begonnen hat.

Unser Denkansatz entspricht der jeweils vordergründigen Seinsdimension.

Nun zurück zum unterschiedlichen Denken und den von dort her unterschiedlich formulierten Zielen (der verschiedenen Seinsdimensionen):

Zum biologischen, rational-logischen Denken gehört am ehesten als Zielsetzung des Biologischen das gesunde Funktionieren und das Ziel, der Mensch möge nicht leiden. Hinsichtlich von Erkrankungen wird unter diesem Aspekt oft die Frage nach dem Stoffwechsel und

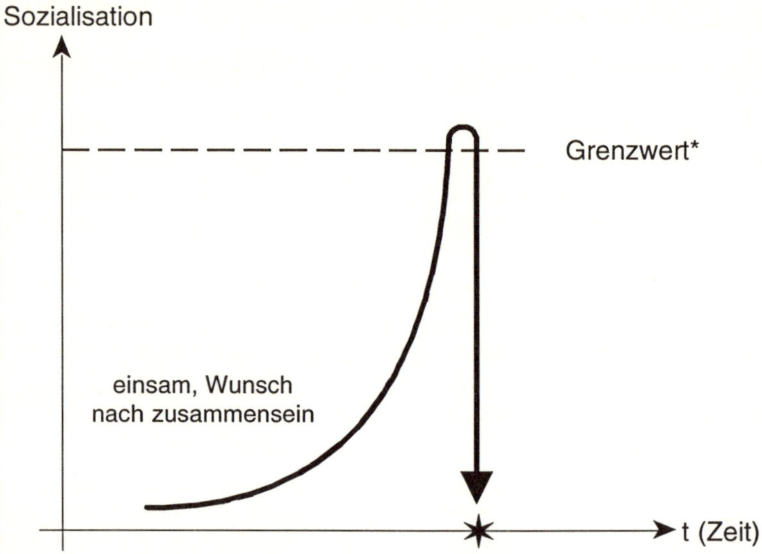

* z.B. des emotionalen Fassungsvermögens. Dieses ist meist abhängig vom *Ausgangspunkt.* Im Gefühlsbereich und in anderen Dimensionen sind die Gefälle, bzw. *Unterschiede* des Verhaltens und Erlebens meist wichtiger als objektive Daten, z.B. wer lange nicht trainiert hat, hat einen anderen Grenzwert für körperliche Aktivität als der trainierte Mensch

Abb. 16: Exponentielles Wachstum über einen bestimmten Grenzwert (überaktivieren, überstimulieren)

dessen Störungen, auch nach Hirnstoffwechselstörungen gestellt. Im erweiterten Sinn können wir zum Wachsen und Funktionieren auch die wachsende Fähigkeit zählen, auf allen Sinneskanälen wahrzunehmen, d.h. dem visuellen (Augen), dem taktilen (Haut mit Tastsinn) dem kinästhetischen (Bewegungssinn), dem akustischen (Ohren), dem olfaktorischen (Riechorgan).

Vom Standpunkt des Psychisch-geistigen her gehört zur Zielsetzung wohl die Entfaltung hinsichtlich Wahrnehmen von Bewußtem und Unbewußtem, Denken und Fühlen, d.h. auch die Entwicklung der gesamten Emotionalität und die Fähigkeit, Beziehung zu sich selbst und zu anderen aufzunehmen, entsprechend ist das Denken mehr symbolisch, bildlich, analog. Da ja alle Dimensionen eine Einheit bilden und nur aus didaktischen Gründen voneinander getrennt werden, versteht sich, daß dies unweigerlich in die anderen, auch in die soziale Dimension übergeht.

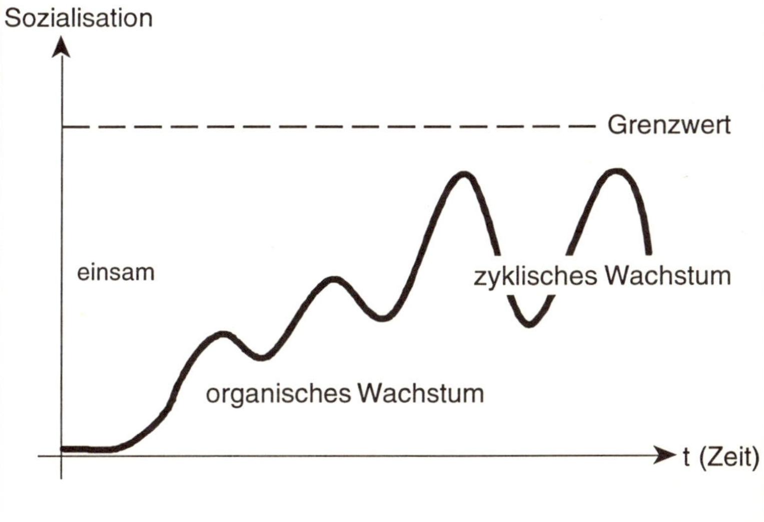

Abb. 17: Organischer Wachstumsprozeß (optimale Aktivierung und Stimulierung).
Typischer leicht s-förmiger Verlauf einer Wachstumskurve im organischen Bereich.

Denken wir von der sozialen Dimension aus, steht als Zielsetzung im Vordergrund das Schließen von Kontakten, der soziale Austausch, das Übernehmen einer Aufgabe in diesem sozialen Umfeld. Dazu gehört die Erfüllung dieser Aufgabe zur Zufriedenheit der Umwelt, was wir dann mit Kompetenz oder Kompetentsein bezeichnen und wodurch uns wieder neue Impulse vom sozialen Umfeld her zukommen. Dieses Denken ist weder nur logisch (dominante Hirnhälfte), noch nur symbolisch, sondern vernetzt..

Denken bzw. betrachten wir die Zielsetzung schließlich von einer spirituellen Dimension her, geht es darum, daß der Mensch sich zur Persönlichkeit entwickelt, innere Haltungen und Werte vertritt, sich als einmalig und doch zum Ganzen zugehörig versteht und erlebt.

Es kann Menschen auch gelingen, über die materielle Wahrnehmung von Raum, Zeit, Psychischem, Sozialem und Körperlichem hinauszuwachsen. Dieses Transzendieren alltäglicher Realitäten kann ebenfalls ein Teil der "Wesensdimension" sein. In dieser wesensmäßigen, spirituellen Dimension liegt auch das Bewältigenkönnen von Altern und Tod. Die Bewältigung der genannten Realitäten ist nur einem spirituell reifen Menschen möglich. Was heißt spirituell reif? Ich glaube, daß es dafür so viele Antworten gibt, wie es Menschen gibt. In unseren Gegenden beruht die spirituelle Reife eben auch auf den vorausgegangenen Reifungs- und Entwicklungsprozessen im Körperlichen, Sozialen, Psychischen und Räumlich-Zeitlichen. Spirituelle Reife hat zu tun mit innerer Ordnung, die sich durch Denken und Fühlen ergibt. Sie hat gewissermaßen einen philosophisch-denkerischen und einen gefühlsmäßig-mystischen Aspekt. Wenn diese beiden konvergieren, kommt der Mensch zur inneren Ruhe und zur Möglichkeit, Raum, Zeit, Psychisches, Soziales, Körperliches und schließlich den Tod als Anreize für seine Weiterentfaltung und Weiterentwicklung zu nehmen.

Das Modell im Vergleich

Selbstverständlich könnte man statt des Würfels andere Modelle entwickeln. Z. B. ein Modell, bei dem die Wesensdimension alles umfaßt. Bekanntlich gibt es wesensmäßige Erlebnisse von den verschiedenen Dimensionen aus. Also beispielsweise im körperlichen Bereich im Sinne eines mystischen Erlebnisses. Oder auch im sozialen, interpersonellen Bereich (vgl. Maurer 1987, S. 113).

Von theologischer Seite wird die spirituelle Erfahrung aus der sozialen Dimension beschrieben als "Gott der Begegnung". Auch in der Bibel wird auf die Transzendenzerfahrung in der sozialen Dimension verwiesen (Emmaus Jünger, Lk. 24, 13-32). Aus didaktischen Gründen für Therapie und Pädagogik halte ich es aber für nützlicher und richtiger, die wesensmäßig-transzendente Dimension den andern Dimensionen gleichzustellen. Es gibt auch sozial-philosophische Gründe dafür, die ich in Kapitel "Zur philosophischen Bedeutung des anthropologischen Würfel-Modells" darlegen werde. Erfahrungsgemäß wird wie bei der individuellen Entwicklung des Menschen in der Therapie zunächst vorwiegend an der körperlichen, dann auch psychischen und sozialen Dimension gearbeitet. Dann hat der Klient auch die Fähigkeit, eine Autonomie zu entwickeln, um in diesem höchstpersönlichen Bereich des Wesensmäßig-Transzendenten mit wenig Hilfestellung selber weiter voranzuschreiten.

Bei anderen Modellen wird z.B. der soziale Bezug oder die Körperlichkeit als stets vordergründig dargestellt. Typisch für den "Maurer-Würfel" ist die Ausgewogenheit seiner Dimensionen und die Flexibilität dieses Modells, so daß entsprechend dem therapeutischen Prozeß bald die eine oder andere in den Vordergrund tritt.

Ich darf auch nochmals betonen, daß alle diese verschiedenen Dimensionen zusammengehören. Der Mensch ist dieses alles zusammen und gleichzeitig, obschon in verschiedenen Lebensphasen verschiedene Dimensionen in ihrem Entfaltungsprozeß etwas vordergründiger werden als andere (Abb. 12). Wenn wir fragen, was ist die Psyche des Menschen, könnten wir auch mit Piaget antworten, indem wir verschiedene der beschriebenen Seinsdimensionen wieder zusammenfassen, also beispielsweise die körperliche, die psychische und die soziale, und antworten im Sinne von Piaget:

Die Psyche ist das Gefüge von kognitiven Strukturen, die sich aus dem tätigen Leben, aus der Aktion heraus entwickeln.

"Psychotherapie" muß Ganzheitstherapie sein; Körperzentrierte Psychotherapie IKP ist Ganzheitstherapie.

Veralteter Mythos:
"Psychotherapie ist Arbeit an der menschlichen Psyche."

Wie entwickeln wir uns gesund? - Wie bleiben wir gesund?

Die große Frage ist nun: Weshalb entfaltet sich der Mensch, wie kommt es dazu, daß er sich in den verschiedenen Dimensionen immer mehr entwickelt? Es ist offensichtlich so, daß er in allen Seinsdimensionen Potentiale zum Wachstum und entsprechende Wachstumsbedürfnisse hat. Ebenso wichtig ist aber, daß er zunächst von seiner ihn pflegenden Umgebung und dann durch sich selbst und die weitere Umgebung in einer gesunden Art und Weise zum Fühlen, Denken, Wahrnehmen und Handeln stimuliert wird.

Es gibt kein menschliches Wachstum ohne Stimulierung. Das klingt einfach, ist es aber nicht. Die Kinder- und Jugendpsychologie und -psychotherapie zeigt uns, daß ein riesiges Gewirr von interagierenden und sich potenzierenden Faktoren in der Entwicklung eine Rolle spielen und wir vor dieser Komplexität letztlich bescheiden zugeben müssen, daß wir das Gesamte nie ganz überblicken können. Daher kommt es wohl auch, daß - wie bereits erwähnt - bei mittelschweren Störungen im Kindesalter schwer Prognosen zu stellen sind. Nur bei schwergestörten Kindern weiß man, daß diese sehr häufig auch im Erwachsenenalter unter Störungen leiden werden. Allerdings ist auch hier die Stärke der künftigen Störungen nicht voraussagbar.

Trotz der beschriebenen Komplexität geben uns die Entwicklungspsychologie und auch unser persönliches Erfahren und Erleben Hinweise, welche Reize (Stimulierungen) für gesunde Entwicklungsprozesse nützlich und nötig sind. Um eine harmonische Entwicklung zu garantieren, müssen alle wesentlichen Seinsdimensionen, d.h. die körperliche, die soziale, die psychische und die wesensmäßige stimuliert werden. Die körperliche durch Bewegung, einen optimalen Streß, die soziale durch warmherzige Kontakte vor allem in der frühen Kindheit und wenigstens eine konstante Bezugsperson, die psychische durch einen immer besseren Selbstbezug und Autonomie im seelischen und geistigen Bereich. Zusammenfassend kann gesagt werden, daß Fremdaktivierung und Selbstaktivierung grundsätzliche Entwicklungsreize setzen. In der Körperzentrierten Psychotherapie tragen z.B. das Konzept der Bedürfniszentriertheit und des Nähe-Distanz-Verhaltens zum Setzen von Entwicklungsreizen bei (vgl. Maurer, Y., 1987, Kap. 3.5 - 3.7 und Petzold und Maurer, 1985, S. 78 - 83).

Unbestritten ist heute auch, daß je mehr ein Mensch in seiner Vielfalt sich bereits entwickelt hat, desto weniger ist er für Störungen anfällig. Traumata, erlebt in der frühen Kindheit, wirken sich viel schädlicher aus als ein Trauma, das ein Erwachsener erlebt.

Was sind aus all dem für Schlußfolgerungen zu ziehen? Wir schlagen in der Körperzentrierten Psychotherapie IKP folgende Thesen vor:

1. Kein Wachstum macht krank.
2. Isoliertes Wachstum, d.h. zu große Diskrepanz im Wachstum der einzelnen Seinsdimensionen macht krank.
3. Gleichmäßiges, bzw. zeitgemäßes Wachstum erhält gesund.

Diese Entwicklungslehre, die auch gleichzeitig eine Lehre von der Entstehung von Krankheiten ist, entspricht mehr einem vernetzen Entwicklungs- und Ressourcedenken (Ausgleichs-, Kompensationsdenken) als dem alten Schuldenken, das die Symptome aufstöbert und genauestens beschreibt. Das Ressourcedenken ist darauf ausgerichtet, daß der Mensch seine verschiedenen Dimensionen weiter entfaltet und entwickelt Es ist daher ganzheitlich. Mittelfristig ist es dem symptomorientierten Therapieansatz an Effizienz überlegen. Auch auf der Beziehungsebene im therapeutischen Prozeß wirkt es sich günstiger aus, da das Ressourcedenken, den Patienten laufend aufwertet, während das Symptomjagen ihn in Frage stellt.

Genaueres und Konkreteres zum ganzheitlichen Ressourcedenken wird in den folgenden Kapiteln beschrieben.

Jedem Menschen liegt ein natürlicher,
innerer Wachstumswunsch zugrunde.
Spürst Du, hörst Du ihn?

Veralteter Mythos:
"Der Mensch ist wie ein Baum,
der beschnitten werden muß, damit er
im Sinne des Besitzers wächst."

Der Mensch ist mehr als Psychoroboter und Reflexmaschine: er ist ganzheitlich

Vielleicht hat sich das bisher Gesagte ganz selbstverständlich angehört. Es ist es nicht. Für psychische Leiden wurden lange Zeit, vor allem in der Ära der klassischen Psychoanalyse und derjenigen Therapeuten, die sich strikt auf Sigmund Freud beriefen, psychische Erkrankungen weitgehend auf die psychische Dimension des Menschen zurückgeführt. Hysterische Reaktionen, die nicht zuletzt Ausdruck von körperlicher Lebendigkeit, von ungelebtem Körperausdruck, von Stärke und Einsatzfähigkeit im Hier und Jetzt sind, wurden ausschließlich zurückgeführt auf psychische Entwicklungsstörungen, auf unbewußte psychische Konflikte. Dies entspricht dem Modell: eine psychische Fehlreaktion gehe auf einen Fehler in der seelischen Dimension zurück. Dieses Gestörte, Fehlerhafte, müsse zunächst bereinigt werden. Der Krankheitsherd (unbewußter Konflikt) müsse behoben werden. Daher wird dann das Unbewußte durchsucht, die ungünstigen Ereignisse der Vergangenheit erforscht. Das Problem dieses Ansatzes ist, daß dieses Vorgehen an sich für die Person sehr kränkend sein kann. Sie erkennt immer mehr, was an ihr alles nicht stimmt, verliert sich immer mehr in der Vergangenheit und fühlt sich immer mehr als Opfer dessen, was an ihr falsch gemacht wurde und was früher geschehen ist. Durch die zunehmende Hilflosigkeit ist dann die Gefahr groß, auch vom Therapeuten zunehmend abhängig zu werden, eine weitere Komplikation in einer derartigen "Therapie".

Ähnliches geschieht aber auch, wenn der Mensch nicht wie beschrieben als Psychoroboter, sondern ausschließlich als biologische lebendige Maschine bzw. als Reflexroboter betrachtet wird. Wer im biologischen Denken aufgewachsen ist und vor allem diesen Teil menschlicher Realität wahrgenommen hat, weiß, daß das Ziel biologischen Lebens das gesunde Funktionieren ist. Leiden heißt für ihn dann immer, daß das Funktionieren im biologischen Sinne gestört ist. In seinem engen Weltbild des physiologischen innerkörperlichen Funktionierens wird dann jede psychische Erkrankung reduziert auf eine Hirnstoffwechselstörung oder ein Problem infolge ungünstiger Konditionierungen. (Reflexbildung; z.B. Speichelfluß beim Betrachten von Essen, der auch ausgelöst werden kann, wenn die Glocke erklingt, die vorher gleichzeitig mit dem Essen ertönte [vgl. Pawlow, I., 1941]). Damit will ich erneut die Wichtigkeit ganzheitlichen Fühlens, Denkens und Handelns betonen.

Ein Ende den einseitigen Menschenbildern

Es wurden Therapieerfolge beschrieben (Mißerfolge werden selten beschrieben), die auch mit den oben genannten engen Konzepten menschlichen Seins und menschlicher Krankheitsentstehung gemacht wurden. Interessant und anerkennenswert ist aber, daß jene engen psychotherapeutischen Ansätze heute mancherorts wenigstens ausgeweitet werden.

Wenn wir uns angewöhnen, ein breites Bild vom Menschsein zu haben, werden wir auch aufmerksam und achtsam werden darauf, daß die Aktivierung unserer Klienten oder auch die Aktivierung von uns selbst, wenn wir Schwierigkeiten haben, dann Erleichterung verschafft, wenn wir dies in verschiedenen Dimensionen unseres Menschseins (vgl. Abb. 9) machen können. Daß hierzu die Energie des krank gewordenen Menschen nicht immer ausreicht, ist selbstverständlich, und hier hat der Therapeut nach wie vor auch die Aufgabe, unterstützend beizustehen. Die meisten seelischen Schwierigkeiten und psychosomatischen Krankheiten werden allerdings durch das Leben selbst geheilt. Wenn Sie sich an eigene Beispiele erinnern, kommen auch Sie vielleicht zum Schluß, daß die Heilung durch eine besondere Aktivierung in einem Bereich, der bisher brach gelegen hat, geschah oder durch ein besonderes Ereignis oder eine Einsicht, die in Handlung überging. Geschieht Heilung und Konfliktlösung aber nicht rasch, innerhalb Tagen, sollte bald eine Unterstützung gesucht werden.

Heilung durch ganzheitliche Aktivierung

Der Therapieverlauf einer 23jährigen magersüchtigen (anorektischen), aggressionsgehemmten, ängstlichen Patientin lehrte mich folgendes: Es gelang in der Therapie, ihre Symptome des sich Überessens und dann sich Erbrechens in ihrer Anzahl zu reduzieren und das Gewicht um zwei Kilogramm zu heben. Mein gewählter therapeutischer Ansatz war breit, er betraf das eigene Körperbewußtsein, die übermäßige Abhängigkeit der Patientin von ihrer Familie, von der sie sich allerdings bereits wohnungsmäßig verselbständigt hatte, ihre Durchsetzungsfähigkeit gegenüber ihrer Freundin, mit der sie zusammen lebte. Ich ging ein auf ihre inneren Bilder und Stimmen im Zusammenhang mit ihren Eßgewohnheiten, arbeitete mit ihren Träumen, etc., etc..

Das Beste allerdings, was ich in dieser ganzen Therapie wohl gemacht hatte, war, sie zu unterstützen, drei Wochen mit ihrer Freundin zusammen nach Madagaskar in die Ferien zu reisen. Von dort zurückgekehrt, war die Patientin geheilt. Was war geschehen? Ich denke, sie konnte, mußte aus ihrer Schutz- und Schonhaltung, die sie sich ihres niedrigen Energieniveaus wegen zugelegt hatte, heraustreten und neue Möglichkeiten ihres Menschseins ausprobieren. Entgegen ihren Vorstellungen waren die Gegenden Madagaskars, die sie besuchte, echte Entwicklungsgegenden. So erlebte sie eine ganz andere Realität und sah, wie Menschen auch noch leben können. Sie mußte die Führung übernehmen, da nur sie französisch sprach, alles daher selber organisieren, sich Nahrung über weite Strecken zusammensuchen, feststellen, daß Busse, die hätten fahren sollen, nicht fahrplangemäß abfuhren, sondern erst einige Tage später oder gar nicht, kurz sie hatte den Eindruck, ums nackte Überleben kämpfen zu müssen. Als ihre Freundin dann einmal einen Asthmaanfall hatte, konnte sie sich auf dem Flughafen sogar so weit durchsezten, daß das eingecheckte Gepäck der Freundin nochmals herausgesucht wurde, damit sie ihm die Medikamente entnehmen konnte. Das Interessante war, daß der Erfolg nicht vorübergehend war, sondern anhielt. Vielleicht kann man bemerken, daß ich in den vorangegangenen Therapiestunden gute Vorarbeit geleistet habe.

Übrigens hat bereits Watzlawik (1984) wiederholt darauf hingewiesen, daß Symptome oft heilen, wenn in der Beziehung oder im Leben eines Menschen etwas Besonderes, Neues, Unvorhergesehenes sich ereignet.

Die Heilung der Restsymptomatik durch die Erweiterung eines Therapieansatzes bzw. die Erweiterung der Aktivierung eines Menschen durch Lebensereignisse zeigen uns deutlich, worauf es in einer dem heutigen Menschen gemäßen (Psycho)Therapie ankommt. Nämlich ein möglichst ganzheitliches Menschenbild zu haben, zu wissen, daß das Verstehen des Menschen ein nicht rein rationaler Prozeß ist, sondern auch gebunden an die verschiedenen Sinne, den visuellen, akustischen, taktilen, kinaestetischen und olfaktorischen (vgl. Abb. 13). Auch um dies deutlich zu machen, verwende ich seit 1985 das anthropologische Würfelmodell. Dieses gibt die wesentlichen Dimensionen menschlichen Seins wieder unter gleichzeitiger Berücksichtigung ihrer Einheit untereinander und ist aus meinem Unbefriedigtsein über bisherige Therapieansätze hinsichtlich des Menschenbildes hervorgegangen (vgl. S. 12 - 14 in Maurer, 1987).

Es versteht sich, daß Menschenmodelle in der Psychologie nicht Wirklichkeit sind, sonderen Wirklichkeit schaffen und damit psychische Phänomene ordnen helfen. Auch das von mir entwickelte anthropologische Würfelmodell für menschliches Wohlbefinden und Körperzentrierten Psychotherapie IKP ist, wie etwa das mechanistische Reflexmodell der frühen Verhaltenstherapie oder das Modell der Gesprächs-Psychotherapie, nie die volle Wirklichkeit. Und doch beeinflussen diese Modelle entscheidend unsere therapeutischen Theorien, den therapeutischen Wahrnehmungs- und Denkprozeß und die therapeutische Strategie und Handlungsweise.

Während Sigmund Freud seine und des Patienten Aufmerksamkeit auf das **Innere** des Patienten und seine **Vergangenheit** lenkte, wies Perls vor allem auf die Gefühlsaspekte im **Hier-und-Jetzt** des aktuellen Erlebens und Handelns hin. Damit rückte bereits der Beziehungsaspekt zwischen Patient und Therapeut stärker in den Vordergrund. Diesen Weg gingen die Systemtherapeuten (Minuchin, S., 1978; Haley, D., 1983; Watzlawik, P., 1974, 1984; Guntern, G., 1981 noch konsequenter, indem sie dem, was **zwischen** den Menschen geschieht, viel Bedeutung beimaßen. Die Körpertherapeuten wie Reich und Lowen richteten ihre und der Klienten Aufmerksamkeit vor allem auf die **körperliche** Dimension allerdings ohne die innere Dimension ganz wegzulassen. Im Unterschied dazu sind moderne körpertherapeutische Ansätze noch extremer, die nur auf die körperliche Wahrnehmung und Aktivierung abzielen.

Zum Begriff der Körperzentrierten Psychotherapie IKP

Die Körperzentrierte Psychotherapie IKP ist gleichzeitig Körperpsychotherapie und nicht nur Körperpsychotherapie. Sie ist eine multidimensionale, multikommunikative Therapie und eine entsprechende Lehre für Wohlbefinden und Prävention. Weshalb der "falsche" Name? Psychotherapie wird hier im ursprünglichen Wortsinn als "Handlung im Dienst am Leben" verwendet. In der Öffentlichkeit wird Psychotherapie oft im engeren Sinn gebraucht und darunter die Therapie der Seele verstanden. Wenn wir vom Menschenbild des Würfelmodells ausgehen, gibt es keine *Psycho*therapie im engeren Sinn, sondern nur eine somato-psycho-sozio-spiritu-Therapie unter Berücksichtigung von Raum und Zeit. Es wäre zutreffender, das Würfelsymbol zu wählen und die Kurzform "Würfeltherapie" zu gebrauchen. Der Begriff Körperzentrierte Psychotherapie (IKP) ist insofern auch nicht falsch, als alles, was sich die heutige *Fachwelt* unter Psychotherapie vorstellt in Lehre, Ausbildung und Können eines Körperzentrierten Psychotherapeuten IKP enthalten ist inklusive in den psychotherapeutischen Prozeß eingebettete Körperinterventionen. Der Begriff "Würfeltherapie" hat insofern einen Haken, als das Würfelmodell nichts Starres sondern etwas Flexibles ist. Dieses ganzheitliche anthropologische Modell kann als Hexaeder (Körper mit acht Ecken) (vgl. Maurer, 1987, Abb. 1-6) oder als zylinderförmiges Modell oder zweidimensional mittels Hexagon (Sechseck) oder Intensitäts-Diagramm (Abb. 19 und 20) oder als Regelkreise (Abb. 13) dargestellt werden (vgl. auch Abb. 11, 12, 14 und 21).

Schließlich erinnere ich mich, wiederholt gefragt worden zu sein: Warum nennst du diese Therapieform nicht einfach Yvonne-Maurer-Therapie; du verkörperst sie doch als Turn- und Sportlehrerin (körperliche Dimension), Psychiaterin und Psychotherapeutin (psychische Dimension), Politikerin während 12 Jahren (soziale Dimension) und jahrelange Tagebuchschreiberin über die religiös bestimmte Jugendzeit mit stark theologischem Interesse (spirituelle Dimension).

Ist der Name unserer Therapie so wichtig? Mir fällt hier ein, was J. W. Goethe seinen Faust sagen ließ: "Name ist Schall und Rauch". Damit wollte er betonen, daß das Wichtige das ist, was *hinter* dem Namen steckt, was erfahrbar ist. Dies soll in den folgenden Kapiteln vertieft werden.

Zur philosophischen Bedeutung des anthropologischen Würfelmodells

Durch das Folgende möchte ich das anthropologische Würfelmodell noch etwas deutlicher erfahrbar machen. Ich entwickelte es nicht nur für unseren ganzheitlichen Therapieansatz. Dahinter steckt auch eine anthropologische Philosophie, bzw. eine Spiritualität. Ich bin mit 22 Jahren, noch während meiner Studienzeit, aus eigenem Antrieb für vier Monate Entwicklungsgegenden in Argentinien und Paraguay besuchen gegangen. Diese Reise mit den damals erlebten emotionellen und sozialen Eindrücken (gefühlsmäßiger Reichtum jener Menschen und materiell-soziale und intellektuelle Armut) haben mich nachhaltig beeinflußt und mich zum Denken angeregt.

Wie können wir an einer glücklicheren Welt mitarbeiten und dazu beitragen, daß den Völkern möglichst wenig Schaden durch ihre Regierungen bzw. sie selbst erwächst? Die Antwort wurde immer deutlicher in mir und der stille Friede, den ich in tropischer und nördlicher Vegetation erlebt habe, verdeutlichte immer mehr meine Vision von Ausgewogenheit, statt Einseitigkeit und Fanatismus.

Fanatismus ist meist verbunden mit Einseitigkeit und Einseitigkeit mit Fanatismus. Das zeigen auch extreme Kulte.

Sehr beeindruckt hat mich in diesem Zusammenhang der Besuch der mexikanischen Kultstätten, wo dem mythologischen und astronomischen Sonnengott Menschenblut und Menschenherzen geopfert wurden. Ein Ritual, das in der Mitte des aztekischen Kalenders versinnbildlicht ist. Wahrheit damals, spiritueller Exzeß und Fanatismus von heute aus betrachtet, Einseitigkeit auf jeden Fall. Dieser Fanatismus war nur möglich, weil die religiöse Bezogenheit nicht in die übrigen Dimensionen des Würfels eingebettet war, also in die psychisch/geistige, soziale und körperliche. (Ur wurde nicht zum Trans vgl. die Kapitel "Wesensdimension" und "Strukturen" derselben.)

Daher möchte ich auch auf das Folgende noch eingehen.

Einzelne meiner Studenten und Studentinnen, denen das Spirituelle besonders am Herzen gelegen ist, fragten mich auch schon, ob nicht die Mitte des Würfels der spirituelle Kern des Menschen sei. Ja, was ist des Würfels Kern? Wer vom anthropologischen Würfelmodell sprechen will, muß wissen, daß es dadurch charakterisiert ist, daß des Würfels Kern alles und nichts ist. Weder das Selbst noch das Unbewußte, noch mein höheres oder spirituelles Selbst, noch sonst etwas ist in dessen Mitte. In der Mitte ist nichts oder alles zusammen, sonst besteht bereits wieder Überbetonung von etwas. So allein garantiert das Würfelmodell Vielseitigkeit und Ausgewogenheit! In der Ausgewogenheit der Vielseitigkeit und der vielfältigen Entfaltung entsteht auch Gelassenheit. Nicht Mittelmäßigkeit, nicht Trägheit, aber gelassenes am Entfaltungsprozeß immer Weiterarbeiten.

Einseitige Entfaltung hat übrigens oft zu tun mit besserer Konkurrenzfähigkeit. Auch diese fällt weg, wenn ich darum bemüht bin, mich möglichst vielseitig zu entfalten, vielseitig und dadurch ausgewogen zu werden. Hinter diesem Modell steckt auch etwas Ähnliches wie die buddhistische Gelassenheit. Ich möchte die Menschen und Völker davor bewahren, sich in eine der Seinsdimensionen fanatisch hineinzuverlieren. Daraus entsteht Leiden.

Hinsichtlich Sinnesempfindungen warnte Buddha vor dem einseitigen gierigen sich auf sie Einlassen und Verlassen. Er machte darauf aufmerksam, daß in der Innerlichkeit des Menschen jenseits der Sinne sich eine weitere Wahrheit, ja Wirklichkeit finden läßt. Auch christlliche Mystiker, wie Johannes vom Kreuz, beschrieben, wie durch die Nacht der Sinne und des Verstandes zum Licht gefunden werden kann.

Ich meine, daß das ausgewogene Leben der verschiedenen Dimensionen, wozu ich selbstverständlich auch die spirituelle Dimension zähle, ein Höchstmaß an glücklichen Möglichkeiten für sich selbst und andere bringt. Dies vor allem auch deswegen, weil die vielseitige Entfaltung unserer Seinsdimensionen für schwierige Zeiten, bei Störungen und Unglücksfällen mehr Möglichkeiten und Kräfte bereitstellen kann. Es stehen dann für die Heilungsprozesse mehr Ressourcen (Hilfsmittel) zur Verfügung. Ein einfaches Beispiel als Vergleich: wenn ein Mensch (jetzt analog zu den sechs Dimensionen) sechs Beine hat, ist es leichter für ihn, einem Unglück zu entgehen oder aber den Verlust eines Beines zu verkraften, als wenn er nur eines hätte.

So hoffe ich denn, daß das anthropologische Würfelmodell nicht nur unseren therapeutischen Denk- und Strategieprozeß, sondern auch unser eigenes Leben und dasjenige unserer Anvertrauten zu bereichern und lebenswerter zu gestalten vermag. Das Hauptanliegen der Körperzentrierten Psychotherapie IKP mit ihrem anthropologischen Würfelmodell ist, sowohl Therapeuten wie auch Klienten bzw. Patienten ihre Vielseitigkeit menschlichen Seins, ihre Multidimensionalität in einem längeren Bewußtwerdungsprozeß deutlich, erlebbar zu machen, so daß sich daraus ein breiter therapeutischer Ansatz und gleichzeitig ein volles Lebensbewußtsein entwikkeln kann. Dieses enthält viel mehr Ressourcen bzw. ist weniger störungs- und krankheitsanfällig. Kurz, wir streben Bewußtheit durch das Leben des "Würfels" an. Sich den eigenen verschiedenen Dimensionen bewußt zu werden und sie ausgewogen zu leben, ist ein längerer Prozeß. Diese Bewußtheit nicht nur wachzurufen, wenn die Lebensereignisse oder ein Problem auf sie aufmerksam machen, sondern schon vorher hat auch eine Krankheit und Störung verhindernde, präventive Bedeutung.

Bewußtheit durch ganzheitliches Leben und Erleben.

Heilung geschieht durch ganzheitliche Aktivierung.

Veralteter Mythos:
"Sich schonen erhält gesund."

In meinem Buch "Körperzentrierte Psychotherapie" (1987, 1993) habe ich eine kurze Darstellung gegeben, wie ich die verschiedenen Sinneskanäle ins anthropologische Würfelmodell eingefügt sehe. Bewußtheit über eine der genannten Seinsdimensionen zu erreichen, ist aber nicht möglich durch bloßes theoretisches, intellektuelles Aufnehmen, was zu einer bestimmten Seinsdimension gehört. Es gehört dazu die Erfahrung, zu der die folgenden Kapitel einladen.

Kapitel 4

Mehr Wahrheit über unser Ganzheitlichwerden und unsere Seinsdimensionen

Wie erfahre ich die Wahrheit über meine körperliche Seinsdimension?

Am **raschesten**, indem ich meinen Körper **aktiviere**: Was kann ich mit meinem Körper leisten? Inwiefern bin ich auftrainiert, wie ist meine Fitness (vgl. Maurer, 1979, S. 144)? Auch in jedem Fitnesscenter kann ich die Wahrheit darüber mittels Hometrainer erfahren. Beim freien Joggen im Wald mit gutem federndem Schuhwerk kann ich nicht nur erfahren, inwiefern ich trainiert bin, sondern auch wie groß meine Bereitschaft ist, gleichzeitig mit der Umwelt, der Natur seelischen Kontakt aufzunehmen. Bei extremer Leistung wie zum Beispiel bei einem 40 km - Marathonlauf wird noch deutlicher, wer ich in meinem körperlichen Dasein bin und wie sehr diese körperliche Dimension von den anderen Dimensionen durchwirkt, nicht abzutrennen ist. Christina Casanova Waser hat hierüber einen Erfahrungsbericht verfaßt (1991).

Die körperlich erbrachte **Leistung** stärkt unmittelbar das Selbstbewußtsein, was sich viele Jugendliche in ihrer Pubertätszeit besonders stark zunutze machen, ohne selbst zu realisieren, welchen Dienst sie sich damit erweisen. In meinem eigenen Leben habe ich entdeckt, daß ich oft besondere Erfolge im sozialen oder kreativen Bereich nach körperlichen Leistungen ernten durfte.

Neben der körperlichen Ausdauer, Kraft, Schnelligkeit kann auch die körperliche **Beweglichkeit** erfahren werden. Eine ältere Ausbildungskandidatin an unserem Institut hat dies so ausgedrückt: "Als ich mich in dieser Gruppe auf Musik intensiv und frei wie nie zuvor zu bewegen begann, kam auch innerlich bei mir wieder viel in Bewegung". Sie erfuhr damit, wie körperliche Beweglichkeit mit geistiger Beweglichkeit verknüpft ist. Am interessantesten ist es, ein eigenes Bewegungsinventar aufzunehmen, wenn noch andere Menschen möglichst etwa gleichen Alters mich umgeben und ich meine Beweglichkeit mit derjenigen anderer vergleichen kann. Das macht

Spaß! Weshalb dies nicht gleich mit der ganzen Familie oder in der Schulklasse mal ausprobieren? Masunaga (1986) hat mit einer seiner Übungen, die vor allem das Meridianpaar Magen/Milz aktivieren, eine Übung vorgeschlagen, die mir hierzu im Augenblick einfällt:

Erfahrungsübung: Knie Dich auf den Boden und setze Dich auf Deine Fersen und laß Dich über die Ellbogen langsam nach hinten gleiten, bis Du mit dem hinteren Teil deiner Oberschenkel, Deinem Gesäß und Deinem Rücken flach auf dem Boden liegst. Die Unterschenkel liegen dabei so auf dem Boden, daß der vordere Teil der Unterschenkel auf ihm aufliegt. Die Arme kannst Du dabei auf der Seite liegenlassen oder hochheben und sie ebenfalls über dem Kopf auf den Boden legen. Versuche, in den Zug, der sich typischerweise an der äußeren Kante der Oberschenkel kundtut, ruhig hineinzuatmen und eine gewisse Zeit in dieser Stellung zu verweilen. Komme dann über die eine Seite wieder in die Ausgangsposition zurück.

Wer seinen Körper sehr leistungsfähig und beweglich erlebt hat, kennt vielleicht noch nicht nachfolgende weitere Möglichkeit: Das **gefühlsmäßige Seinserleben** des Körpers. Im englischen Sprachbereich wird dies als "sensory awareness" (vgl. Brooks, 1979) beschrieben. Es geht bei diesem Erleben darum, sich aufmerksam seinem Körper und seiner Funktionen, seiner Temperatur, der Art und Weise des Atmens, der Qualität bestimmter Körperteile zuzuwenden. Besteht ein Unterschied zwischen der linken und der rechten Seite, mehr Spannung oben oder unten, lebendiges Kribbeln an einem bestimmten Ort, etc?

Nachfolgend einige wenige Übungen, die zu mehr Körpererfahrung im eben erwähnten Sinn beitragen. Es können auch entsprechend ähnliche Partnerübungen gemacht werden, die dann selbstverständlich wieder stark die Verknüpfung der körperlichen mit der sozialen Dimension nahelegen.

Hier also die Übungen für Dich allein:

1. Lehne Dich auf dem Stuhl, auf dem Du sitzt, an die Rücklehne an. Schließ die Augen. Lasse Deine Hände in den Schoß fallen. Versuche nun zu spüren, welche Muskeln in Deinem Gesicht oder auch auf Deiner Kopfhaut oder im Schulterbereich sich langsam lösen, so daß sie sich nachher schwerer anfühlen, Dich stärker gegen den Boden ziehen.
2. Lege Dich flach auf den Boden und schließe die Augen. Dann

lasse alle Muskeln los, links und rechts, oben und unten. Lasse Dich ganz nieder auf den Boden. Welches Gefühl hast Du nun gegenüber dem Boden? Sag dem Boden, was er Dir zu sein scheint: z.B. hart, oder: du trägst mich, oder: ich kann dir vertrauen, oder: du gibst mir Sicherheit, Geborgenheit, oder: du hälst mich fest, oder: du saugst mich in dich hinein, etc., etc. Zum Schluß: wie fühlst Du Dich?

3. Setz Dich auf den Boden, die Beine mit durchgedrückten Knien gestreckt vor Dir. Hebe Deinen Oberkörper hoch und neige Dich mit den Fingerspitzen voran deinen Zehenspitzen entgegen. Wie weit kommst Du? Wie flexibel sind Deine Rücken-, Nacken-, Gesäß- und Partien Deiner hinteren Beine geblieben? Wie fühlst Du dich anschließend?
4. Wenn Du diese wenigen Aktivitäten gemacht hast, versuche festzustellen, in welcher Stimmung Du Dich jetzt befindest und inwiefern sich die Stimmung, verglichen mit derjenigen, die Du vor den Übungen hattest, verändert hat. Typischerweise fühlst Du Dich jetzt etwas lebendiger und ein klein wenig mehr in Deinem Körper als vor der ersten Aktivität. Wenn Du schon viel über Deinen Körper weißt, schon einen hohen Bewußtheitsgrad über Deinen Körper selbst bzw. über Deine körperliche Seinsdimension erreicht hast, weißt Du, daß der Körper mit immer neuen Gefühlen, Möglichkeiten und Atemmustern aufwartet, je mehr und je ungewöhnlicher und neuartiger die Bewegungsabläufe sind, die er selbst kreieren oder wenigstens nachahmen darf.

In unserer Zivilisation benützen wir unseren Körper leider zu oft nur immer in derselben Art: z.B. wir fahren Ski und freuen uns, wenn wir es immer ein bißchen besser können, und dann wiederholen wir das gleiche Jahr für Jahr. Oder wir gehen schwimmen, lernen vielleicht verschiedene Stilarten, bleiben dann aber dabei und versuchen keine neuen zu improvisieren. Wir wiederholen alt eingefleischte Gymnastikübungen. Wenn wir beginnen, neue Bewegungen zu erfinden, werden wir auch neue Gefühle entdecken. Neben den kurz aufgezeigten Erfahrungswahrheiten über unsere körperliche Dimension gibt es selbstverständlich auch das Wissen um die menschliche Realität der körperlichen Dimension. Es ist dies das an den Universitäten gelehrte Wissen über Genetik, Anatomie, Physiologie, Immunologie, Hirnphysiologie, bzw. den Bewegungsapparat, das Nervensystem, die Organsysteme.

Es gibt noch viele andere Wege, die Wahrheit über meinen Körper und mich zu erfahren außer durch Fitness und Sport. Es kann beispielsweise eine einzelne Funktion körperlicher Leistung, zum Beispiel der Atem, isoliert aktiviert werden. Dies kann so weit gehen, daß willentlich hyperventiliert, d.h. andauernd stark ein- und ausgeatmet wird. Das Gegenteil ist bekanntlich nicht möglich, ich kann nicht nicht atmen, da atemzwingende Reflexe den Willen umgehen können. Beim starken Atmen, Hyperventilieren, kommt es schließlich durch chemische Veränderungen im Körper auch zu einer Bewußtseinsveränderung. Diese kann mit starken Emotionen einhergehen, die die Abwehr des Übenden überfluten können. Daraus leiten sich auch Kontraindikationen und nur ganz wenige Indikationen zum Hyperventilieren in einem therapeutischen Rahmen ab (vgl. Maurer, Y.,1993b). In der Neurophysiologie wird diskutiert, ob durch die genannte Methode Gedächtnisspeicher, die in die Zeit bis zum zweiten oder dritten Lebensjahr zurückreichen, geöffnet werden. Dies, da beim Hyperventilieren die Kurven elektrischer Hirnableitungen (Elektroencephalogramm) denjenigen früher Lebensjahre zu gleichen beginnen. Dem gegenüber weisen die Physiologen auf die Gefahren der Verengung der Hirnblutgefäße durch willentliches Hyperventilieren hin (vgl. Maurer, Y., 1993).

Das **passive** Bewegt-und-Berührt-werden hat als passive Form des Körpererlebens immer auch eine stark soziale Komponente. So ist beispielsweise die medizinische Massage und sind atemtherapeutische Behandlungsgriffe am Liegenden Möglichkeiten, meinen Körper zu erfahren, gleichzeitig wird aber immer auch meine soziale Seinsdimension aktiviert, da ich von einer anderen Person behandelt werde.

Wir können unseren Körper aber auch **aktiver** über Partnerübungen in der Therapie und privat über Körpernähe im intimen, erotischen und sexuellen Bereich besser erfahren. Ein intensives Erleben ist auch durch die sogenannten bioenergetischen Übungen möglich. Zur Bioenegetik gehört die von W. Reich (1936) entwickelte Methode der Charakteranalyse mit den Aspekten der "Panzerung" und der Charaktertypologie auf Grund des Körperbaus. Wie paßt diese Lehre zu unserer körperlichen Seinsdimension? Diese Frage ist umso wichtiger, als sich bis heute einige Schüler der ersten, zweiten und dritten Generation der Bioenergetik, wenn auch mit gewissen Modifikationen, auf diesen Ansatz beziehen. Meine Kritik an diesem sogenannten rein bioenergetischen Ansatz bezieht sich vor allem auf die starke Suggestibilität hinsichtlich der Körpercharaktertypologie. Diese läßt genetische Aspekte unberücksichtigt, wirkt statisch und den Menschen etikettierend, was eher entmutigend wirkt als hilfreich ist. Dennoch ist es das Verdienst von W. Reich und seinen Nachfolgern, den Körper in den diagnostischen und therapeutischen Prozeß bei psychischen und psychosomatischen Erkrankungen einbezogen zu haben. Über das Wie werden wir in den nächsten hundert Jahren noch viele Erkenntnisse sammeln und neue Wege finden. Auch die von Lowen (1977) vorgeschlagenen, bis an die Grenze der Leistungsfähigkeit gehenden Übungen, können sehr nützlich sein, um den Weg vom Kopf zum Körper und den Gefühlen zu erleichtern. Sie finden in diesem Sinne in der Körperzentrierten Psychotherapie IKP auch Anwendung.

Wie erfahre ich die Wahrheit über meine soziale Seinsdimension?

Inwiefern und wie ich meine soziale Seinsdimension lebe, zeigt sich in meinem Beziehungsverhalten im Beruf, im Freundeskreis und in der Familie.

Stufe	Aussage	Beispiel
-1	(Selbsttäuschung)	(ich bin mir selber nicht bewußt)
0	(Zurückhaltung)	(nicht sagen wollen)
1	"Du bist ...	gemein."
2	"Dir gegenüber fühle ich ...	Abneigung."
3	"Weil ...	du meine Arbeit nicht schätzt.
4	"Ich spüre von dir her ...	daß du mich für inkompetent hältst."
5	"ich fürchte, daß ich ...	Inkompetent bin."

Abb. 18: Stufen der Wahrheitsaussage
Aus: Will Schutz "Profound Simplicity", USA 1988 (S. 19)

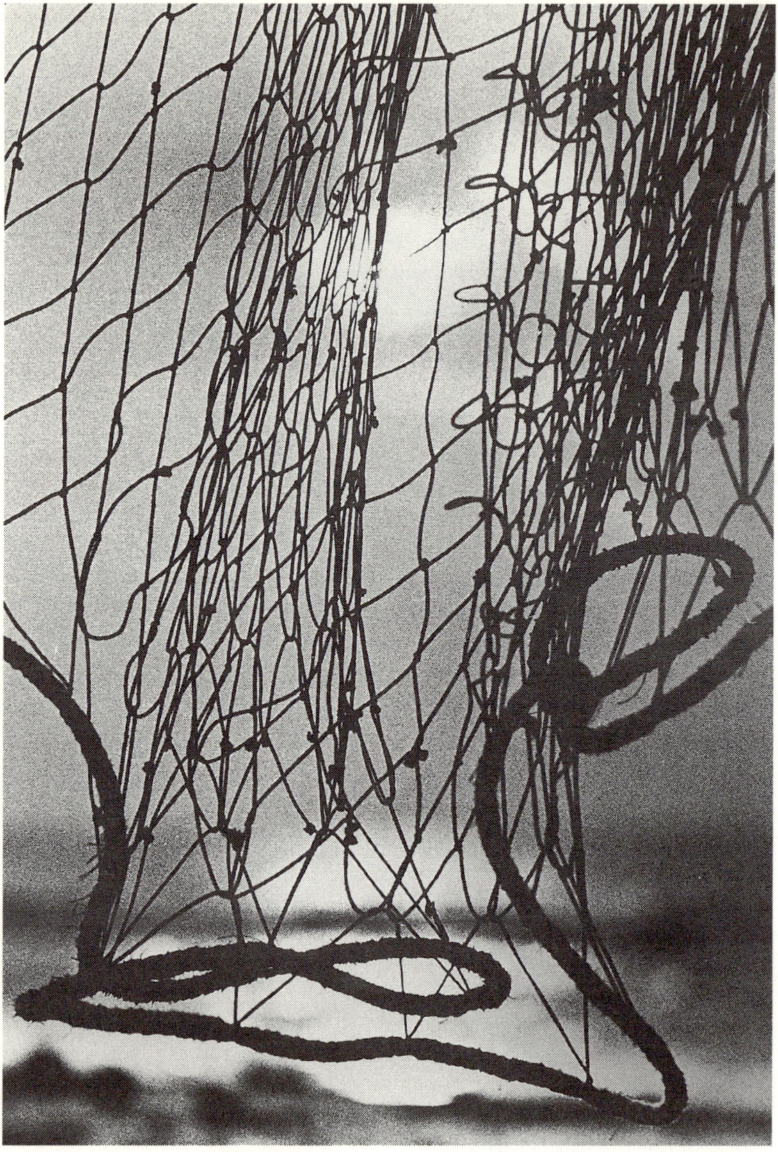

Vielleicht beantwortest Du Dir folgende zwei Fragen:

- Bin ich viel allein, mache ich viel allein?
- Schätze ich es, mit anderen zusammen zu sein, zusammen zu arbeiten?

Neben diesem **quantitativen** Aspekt gibt es auch den qualitativen Aspekt, der sich darin äußert, inwiefern ich im Zusammensein mit anderen eine Vorrangstellung haben will bzw. die Kontrolle oder inwiefern ich geführt werden will. Fällt die Kontrolle oder das Geführtwerden weg, kann auch die reifere Form Platz finden, nämlich, daß ohne weiteres derjenige die Führung übernimmt, der in einer bestimmten Sache mehr versteht oder mehr Erfahrung hat. Dies geschieht so lange, bis der andere ebenfalls reif geworden ist, andere, die weniger Erfahrung haben, zu führen und zu kontrollieren. Ein weiterer, dritter, zentraler Aspekt im Beziehungsverhalten ist die Offenheit. Sie zeigt an, inwiefern ich nicht nur mit anderen zusammen bin, sondern auch mit anderen meine inneren Anteile teile, also meine wahren Gefühle, Gedanken, etc. Die Frage bleibt dann offen, wie ich meine Innerlichkeit mit anderen teile (vgl. Stufen der Wahrheitsaussagen, Abb. 18).

Meine wirkliche Wahrheit über mein soziales Verhalten gewinne ich aber meist nur dann, wenn mir andere darüber, wie sie mich erleben, Feedbacks (Rückmeldungen) geben können. Diese müssen ehrlich gemeint sein. Dies ist meist nur in therapeutischen Gruppen oder in Übungsgruppen, wo die Personen sich ihre persönliche Weiterentwicklung zum Ziel machen oder wo sie therapeutisch ausgebildet werden, möglich. Diese Gruppen sollten mindestens ein bis drei Tage dauern. Dauern die Gruppen so lange (z.B. Ausbildungsgruppen in Körperzentrierter Psychotherapie IKP, psychologischer Beratung und Atemtherapie IKP, wo sich die Personen mehrmals im Jahr über mehrere Stunden oder Tage treffen), beziehen sich die Rückmeldungen dann nicht nur auf die Art und Weise der anfänglichen Kontaktaufnahme, sondern auch auf das längerfristige Beziehungsverhalten.

Wahrheit ist ein Prozeß. Dieser hängt von der jeweiligen Erkenntnisfähigkeit ab.

Veralteter Mythos:
"Es gibt eine objektive Wahrheit."

Wie erfahre ich die Wahrheit über meine psychisch-geistige Seinsdimension?

Da sich die Psychologie und Psychotherapie bisher mit dieser Dimension am meisten beschäftigt hat, gibt es eine kaum mehr überblickbare Literatur darüber. Auch die Testpsychologie, die sich meist auf die psychische Dimension bezieht, ist inzwischen eine Wissenschaft für sich geworden.

Wissenschaft hat im naturwissenschaftlichen und empirischen Sinn zu tun mit Beschränkung auf Teilaspekte, theoretische Reduktion, Operationalisierung, Erfassung von Zuständen. Dies ist aber wie das Herzka (1989, S. 393-396) so schön dargelegt hat, nicht das Alleinentscheidende, um zur Wahrheit über den Menschen zu gelangen. Diese Art von Wissenschaft wird dem Menschen gerechter, wenn sie als Teil eines Dualismus gesehen wird. Der andere, dazu komplementäre Teil, wäre dann Überblick, Ganzheit, Komplexität, Variabilität, Erfassen von Prozessen. In diesem Sinne sollte wohl neben der naturwissenschaftlichen und rein empirischen Wissenschaft eine anthropologische Wissenschaft, eine dem ganzen Menschen gerecht werdende Wissenschaft entwickelt werden. In dieser Richtung gehen jedenfalls die Bemühungen der Körperzentrierten Psychotherapie IKP(vgl. Maurer, Y., 1993).

Gibt es also neben der Flut von Wissen und Teilwissen, das sich über unsere Psyche in den letzten Jahrzehnten angehäuft hat, noch Wege, die Wahrheit über unsere psychisch-geistige Seinsdimension persönlich zu erfahren?

Wenn ich verstimmt bin, wütend, traurig, Freude oder Angst habe oder sonst eines der 231 Gefühle (Sonneville, L. et al. 1985), dann habe ich das Gefühl, mich psychisch zu spüren. Neben dieser mehr gefühlsmäßig-emotionellen Art und Weise kann ich mich auch in einer mehr geistig-rationalen Art und Weise wahrnehmen. Zum Beispiel, wenn ich eine schwierige Mathematikaufgabe löse, einen Text entziffere, etwas gründlich verstehen möchte.

Was nun unsere **Stimmungen** anbetrifft, können wir uns fragen, ob wir gut ausbalanciert sind oder starke Schwankungen haben oder auch eine starre Gefühlswelt, die immer gleich ist. Spüre ich gar nicht mehr, wenn ich traurig, depressiv bin? Spüre ich noch, daß ich mich nicht mehr freuen kann? Ist es häufig, daß ich die Realität verlierend, mich in einem Begeisterungssturm ergehen kann oder reißt mich kaum mehr etwas vom Stuhl? Bin ich öfters aggressiv verstimmt oder

welche anderen Gefühlsstimmungen und Gefühlsaufwallungen charakterisieren mich? In welchen Situationen, bei welchen Menschen? Zur psychischen Dimension zähle ich insbesondere auch die Fähigkeit, mit sich selbst Beziehung aufzunehmen, z.B. im seelischen, körperlichen, sozialen Bereich. Da das Würfelmodell neben der Vielfalt die Einheit repräsentiert, ist es unvermeidlich, daß Querverbindungen aus gewissen Dimensionen wie hier aus der psychischen mit anderen Dimensionen entstehen. Ja, es ist ja der Sinn des Würfelmodells zu zeigen, wie die verschiedenen Dimensionen gleichzeitig eine Eigenständigkeit haben, aber auch ein gemeinsames Ganzes darstellen. Diesen Dualismus vereinigt das Symbol des Würfels.

Welche Haltung habe ich also mir selber gegenüber? Messe ich mir selber Bedeutung zu? Erachte ich mich selbst als liebenswert? Traue ich mir zu, die Arbeit und das Leben überhaupt zu bewältigen? Und wie begegne ich mir selber, wenn ich mit mir zu sprechen beginne? Darf ich hier noch einige kurze Erfahrungsübungen vorschlagen?

Erfahrungsübungen:

1. Lege Dich bitte flach zu Boden, entspanne Dich, schließe die Augen und atme etwa dreimal tief aus. Sage Dir jetzt innerlich langsam: "Ich bin wichtig und bedeutungsvoll". Und spüre dann, welche Reaktionen sich in Dir und Deinem Körper kundtun. Wie hat Dein Körper darauf reagiert? Hat er Deine Vorstellung zufrieden angenommen oder wurde dem Körper angst und bange, hat er sich dabei zusammengezogen? Spüre bitte genau nach, es lohnt sich. Vielleicht schreibst Du Dir Deine Erfahrungen auf, bevor Du zum nächsten Übungsexperiment gehst.
2. Versuche, die gleiche Übung zu machen, indem Du Dir selbst eingibst:
   Ich fühle mich fähig.
   Ich komme gut durch in dieser Welt.
   Ich kann alles was auf mich zukommt handhaben und die Ziele erfolgreich erreichen.
   Spüre nach, was seelisch und körperlich passiert.
3. Vielleicht versuchst Du nun die gleiche Übung mit der Eingabe: Ich bin ein liebenswerter Mensch. Mich haben die Menschen gern. Spüre nach, was seelisch und körperlich passiert.
4. Oder mit: "Ich bin milde und nachsichtig mit mir und kann mir verzeihen".
5. Was geschieht mit folgender Eingabe bei Dir: "Ich bin stolz auf mich und kann mich loben".

Die Fähigkeit, eine Beziehung zu sich selbst zu entwickeln und sich diese bewußt zu machen, ist nicht selbstverständlich. Noch immer sehe ich vor mir, wie erleichtert jene Patientin war, die mich ängstlich fragte, ob das noch normal sei, wenn sie manchmal vor dem Spiegel mit sich spreche, worauf sie von mir zu hören bekam: Ja selbsterständlich. Aber vielen Menschen geht es so wie jener Patientin, wenn sie spüren, daß sie mit sich selbst eine Beziehung aufzunehmen beginnen, sei dies mittels Tagebuch, wo sie nicht nur ihre Erlebnisse, sondern auch ihre Gefühle, ihre Gedanken im Umgang mit sich selber aufschreiben oder auf Spaziergängen ein innerliches Gespräch mit sich führen. Viele von diesen Menschen glauben, schon irgendwo gehört zu haben, das sei der Beginn des psychisch Krankwerdens oder es sei moralisch verwerflich, zu egoistisch.

Und doch ist genau dieser Bezug zu sich selber die Quelle der persönlichen Weiterentfaltung und für alle jene Seiten, die wir durch die Ereignisse des Lebens zurückstellen oder verdrängen mußten, Heilung. Dieses Verhalten, einen Bezug zu sich selber aufzunehmen, entspricht einer Art Innenschau (Introspektion), ist introvertiertes Verhalten. Es gibt nun Personen, die dies viel zu viel tun, die viel zu introvertiert sind. Für sie ist es wichtig, zu lernen, sich nach außen auszudrücken, ihre Gefühle zu zeigen, bzw. zu sagen, zur Darstellung zu bringen, so daß die andern aufmerksam werden. Für sie ist es wichtig, als erstes ihre extravertierte Seite weiterzuentwickeln.

Beziehung zu mir aufnehmen oder mich besser ausdrücken lernen kann ich erneut hinsichtlich jeder der Seinsdimensionen des Würfels unternehmen. In den vorangegangenen Erfahrungsübungen wurden einige Beispiele davon angeboten.

Ich möchte wiederholen, daß ich gemäß meiner Definition hier Tätigkeiten, die die Beziehung zu sich selbst betreffen, sei dies nun im psychischen, im körperlichen, im sozialen, etc. Bereich, primär in die psychisch-geistige Dimension einordne. Dieser Selbstbezug kann mehr verstandesmäßige oder mehr gefühlsmäßige Komponenten besitzen und sich auf die psychischen Ebenen des Kinder-Ichs, des Erwachsenen-Ichs und des Eltern-Ichs beziehen. Die drei letztgenannten Kurzformen sind der Transaktionsanalyse entnommen. Umschrieben könnte dies in unserer Sprache heißen: sich beziehen auf das freie, spontane, gefühlsmäßige Verhalten, wie es Kinder haben, bzw. das Verantwortungsbewußtsein und die Sachbezogenheit von Erwachsenen, bzw. die Möglichkeit zur Fürsorge oder auch zur Kritik und Abgrenzung, wie es für elterliches Verhalten typisch sein kann. Entwicklungspsychologisch ließen sich hier nun noch die Theorien ableiten, die zu einer Erschwerung im Selbstbezug führen. Es versteht sich, daß Eltern, die zu lange und zu intensiv für ein Kind in den genannten Dimensionen sorgen, den Prozeß der Übernahme des Selbstbezugs zur psychischen und den anderen Seinsdimensionen stören können.

Mehr über meine Psyche lasse ich mir meist durch meine Träume sagen. Vor allem seit ich begonnen habe, die Träume nicht im psychoanalytischen, sondern im mehr phänomenologischen und gestalttherapeutischen Sinne aufzuarbeiten. Das heißt, seit ich mehr den Inhalt des Traumes auf mich wirken lasse und mir bewußt werde, was wo wie ist. Perls (1976) schlug vor, sämtliche Trauminhalte, als Spiegelbilder (Projektionen) der eigenen Seele anzuerkennen, sich sogar mit ihnen zu identifizieren und in einen inneren Dialog und eine innere Auseinandersetzung zu treten. (Vgl. Traumseminar des IKP). Noch weiter führte mich die von mir selbst begründete Technik der meditativen Traumintegration (vgl. Kapitel 8). Wenn Sie aufgrund Ihrer eigenen Träume beginnen zu spüren und zu erkennen, daß Träume nicht bloß Schäume sind, sondern mit Ihrem Leben, Ihrem aktuellen und Ihrem vergangenen, zu tun haben, daß Träume also Teile Ihrer Seele sind, die Sie aber nicht bewußt gestaltet haben, werden Sie rasch zur Überzeugung kommen, daß offenbar Ihr Leben auch unbewußte Anteile enthält. Auch wenn Sie sich versprechen und Sie merken, daß der Versprecher einen Sinn hat, nämlich zum Gesagten gegenteilige Gedanken auszudrücken, die Ihnen auch schon durch den Kopf oder das Herz gegangen sind, wird Ihnen dies noch deutlicher werden.

Gehört das Unbewußte auch zur geistig-psychischen Dimension? Definitionsgemäß ja. Auch hier versteht sich allerdings, daß auch soziale Bereiche, sowie körperliche und wesensmäßige Bereiche ihre unbewußten Anteile haben. Interessant ist auch noch die Feststellung, daß emotionale Befindlichkeiten, wie sie bei psychischen Störungen häufig sind, also beispielsweise depressive Verstimmungen, Verstimmtheiten an und für sich, auch einhergehen mit körperlichen Symptomen, z.B. Verspannungen, vermehrte Vagotonie oder Sympathikotonie im vegetativen Nervensystem. Es ist daher auch möglich durch Körperinterventionen gefühlsmäßige Verstimmungen rasch zu verbessern und dadurch zu helfen, das darunterliegende Problem besser angehen zu können.

Wie finde ich die Wahrheit über meine spirituell-transzendente Seinsdimension (Wesensdimension)?

Von allen genannten Dimensionen des Würfelmodells ist diese Dimension die am schwierigsten zu beschreibende und zu erfassende. Daher kommt es wohl auch, daß ihr von verschiedenster Seite auch verschiedenste Namen gegeben wurden: Transzendenz, Wesen (Dürckheim, 1979, 1978), mehr vom Menschen selbst ausgehend: spiritueller Bereich etc.

Weil diese Dimension nicht leicht zu erfassen ist, wird sie von Menschen und Strömungen, die nur das für wirklich halten, was sie sehen, ergreifen und messen können, auch als nicht existent beurteilt. Wer sich aber mit der Erkenntnistheorie, also der Möglichkeit des Menschen, Dinge zu erkennen, befaßt, kommt rasch zur Einsicht, daß wir Menschen einerseits unterschiedlich wahrnehmen können und andererseits nicht immer zur selben Zeit alles wahrnehmen können und es verschiedenes gibt, das unser Wahrnehmungsvermögen übersteigt. So können wir schon nur mit unseren Sinnesorganen beispielsweise gewisse Töne nicht wahrnehmen, die aber Tiere wahrnehmen können, wir können nicht alles riechen, auch das Sehvermögen läßt uns bei gewissen Wellenbereichen im Stich. Ähnliches gilt auch für das Vermögen zu fühlen, d.h. zu tasten, den Vibrationssinn und den Bewegungssinn.

Auch die moderne Wissenschaft, z.B. die Hirnphysiologie führt uns Menschen immer wieder an die Grenzen, wo wir zugeben müssen, daß wir zu komplexe und sich unseren Sinnesorganen entziehende Realitäten nicht mehr in ihrer Ganzheit erfassen können. Erkennen hängt auch mit unserem Bewußtsein zusammen, das sich je nach Tätigkeit verändert. Diese Veränderungen können wir übrigens durch Ableiten der Hirnströme (Elektroencephalogramm) messen. Die Hirnströme sind nicht die gleichen, ob ich Sport treibe, mich stresse oder mich eine Stunde lang in der Meditation der Stille geübt habe. Entsprechend sind auch die Erfahrungen, die ich in diesen Zuständen mache, nicht dieselben. Wenn ich zum Beispiel sehr ruhig werde und mich der gegenstandslosen Meditation widme, kann ich Erfahrungen machen, die mir sonst verborgen bleiben. Wie aber diese Erfahrungen beschreiben? In den Meditationsseminaren des IKP, wo wir T'ai Chi und Za-Zen gelegentlich auch Vipassana im Wechsel miteinander über drei Tage anbieten, erzählen Teilnehmer-

innen und Teilnehmer, übrigens nicht die unkritischsten, von der Erfahrung extremer, innerer Bereicherung, ausgedrückt z.B. mit den Worten "ich spürte einen Hauch meines göttlichen Kerns".

Wenn ich an meine eigenen derartigen Erfahrungen denke, kann ich sagen, daß genau diese es sind, die mir den Enthusiasmus und die innerste Motivation gegeben haben, um diese ganzheitliche Therapieform der Körperzentrierten Psychotherapie IKP zu konzipieren und mit anderen zusammen weiterzuentwickeln und weiterzugeben. Ich habe also die Wesensdimension als wunderbare Quelle, als Ressource in meinem Leben erfahren. Dabei halte ich mich allerdings nicht an irgendein zwanghaftes Schema, habe nie regelmäßig jeden Tag meditiert. Dies sind alles meiner Meinung nach Notwendigkeiten, die persönlich jedem einzelnen Menschen angepaßt werden müssen. Ich halte es sogar für kontraindiziert, daß Menschen, die eher zu introvertierter Verhaltensweise neigen, täglich meditieren. Sie müssen vielmehr lernen, nach außen zu gehen, sich vor der Welt vernehmen zu lassen, laut zu werden, sich zu zeigen. Es gibt aber sehr viele Menschen, die nur nach außen leben und dringend benötigten, nach innen zu schauen, in sich hineinzuhorchen.

Meditieren heißt eigentlich nichts anderes als entweder zur eigenen Mitte zurückkehren, zum eigenen Wesenskern (stille Meditation der Bewegung oder des Sitzens) oder aber aus dieser Mitte heraus motiviert, sich voll und ganz der äußeren Realität zu widmen. Meditativ sein heißt keinesfalls einfach stillsitzen oder langsam sein, sondern hochmotiviert und aufmerksam im Sein und Tun. Letzteres kommt dann vor allem in dem zum Ausdruck, was wir die "Ausstrahlung" eines Menschen nennen. Wir Menschen haben aber nicht nur eine Ausstrahlung, sondern wir sind verantwortlich für unsere Ausstrahlung. Wir machen unsere Ausstrahlung. Wir sind unsere Ausstrahlung. Meine Ausstrahlung kann ich nicht im Spiegel erkennen. Vielleicht wird sie deutlich, wenn ich Fotografien von mir anschaue oder mich im Video sehe. Sie wird auch deutlich aus dem, was mir andere Menschen über meine Ausstrahlung sagen. Die Ausstrahlung ist nicht nur etwas Visuelles, sondern auch etwas Akustisches, kurz die Energie, die von mir ausgeht.

Es bleibt mir unvergeßlich in Erinnerung, wie an der Uni, nachdem die Professoren eingetreten waren, einige Zeit weitergeschwatzt wurde, bis es still war. Es gab da eine Ausnahme: Wenn Prof. Adolf Portmann eintrat, trat nicht nur er ein, sondern mit ihm eine ganze Atmosphäre von Innerlichkeit, Achtsamkeit, und alle wurden immer sofort ruhig. Das setzte sich dann auch während seiner Stunden fort. Seine Stunden vermittelten nicht nur Wissen, sondern zeigten spürbar seine bewundernde Haltung gegenüber der großartigen Vielfalt der Natur, was auch in uns neben dem Erwerb von Wissen Bewunderung, ja eine Art andächtige Bewunderung auslöste.

Bevor wir zusammentragen, wie wir die Wahrheit über unsere spirituell-transzendente Dimension erfahren können, hier noch Ergänzendes zu dem, was ich über die Wesensdimension bereits in meinem Buch Körperzentrierte Psychotherapie (1992) geschrieben habe.

Sie wird aktiviert durch meine Beziehungsaufnahme zu meinem tieferen oder wie andere auch sagen meinem höheren Selbst. Ich nenne diesen Anteil "Ur"(vgl.1993, und S. 78 in diesem Buch). Es geht zunächst also um ein intrapsychisches, innerseelisches Erfahrungserleben, das mit mir höchst persönlich zu tun hat. Es ist ein Bezug zu mir selber, den ich nicht nur denkend, sondern vor allem meditierend erreichen kann. Sich Zeit zur Stille nehmen, zum Gespräch mit sich selbst, zur eigenen Mitte zurückzukehren, das ist Meditieren.

Neben diesem intrapersonalen Aspekt der Wesensdimension, wie er relativ häufig in Therapien, wenn auch nicht am Anfang, so doch gegen das Ende wichtig wird, gibt es den interpersonellen (Maurer, 1987, 1993) und den transpersonellen. Letzterer ist der die Grenzen des Individuums in qualitativer und quantitativer Hinsicht überschreitende Aspekt der Erfahrung. Quantitativ insofern, als die Erfahrung ein das Individuum überschreitendes Geschehen beinhalten, andere Menschen, ein Kollektiv oder das Universum Betreffendes enthalten kann. Die Erfahrung wird dann zu einer Art Teilhabe am Ganzen und trägt dazu bei, sich in ein Überindividuelles eingeordnet fühlen zu können. Dadurch können auch die Fragen nach Ursprung und Ziel des Lebens, nach dem Woher und Wohin besser beantwortet werden.

Qualitativ kann sich diese Erfahrung in dem Sinne zeigen, als die Wahrnehmung eine die üblichen Sinnesorgane überschreitende wird. Schließlich können in ihr auch Wahrnehmungen, die die üblichen Seinsdimensionen übersteigen, gemacht werden. Diese Aspekte wurden mehr der Vollständigkeit halber aufgezählt, als daß sie in der alltäglichen Psychotherapie zur Anwendung kämen.

Häufiger ist der Bezug zum **eigenen Selbst**, speziell zum eigenen "Ur". Dieser Aspekt war für alle Mystiker von Ost und West auch immer der Einstieg ins höhere Wahrnehmen. Schon Augustinus bemerkte dazu: "Besteige deinen eigenen Berg, wenn du Christus sehen willst". Ich halte den Bezug zur eigenen Wesensdimension speziell für Therapeutinnen und Therapeuten für außerordentlich wichtig, da sie dadurch innerlich still, aufmerksamer, konzentrierter werden können. Sie sind dann besser bereit, auf ihre Klienten und Patienten einzugehen. Zudem kann sich dadurch auch ihre Ausstrahlung vervollkommen, die immer einen Teil des Beziehungsgeschehens in der Therapie ausmacht.

Anders ausgedrückt könnte man auch sagen, daß der Kontakt mit der Wesensebene dem Menschen ein besseres Steuervermögen von sich selbst und dem Lebensablauf ermöglicht, ihm mehr Übersicht und Kraft gibt in der komplexen Lebenssituation. Oder auch eine mit sich selbst im Einklang stehende sinnvolle Handlungsstrategie ermöglicht.

Nun, wie können Sie die Wahrheit über Ihre Wesensdimension erfahren? In der Bibel liest man eine ganz einfach Anleitung dazu: "An ihren Früchten werdet ihr sie erkennen können" (Mt. 7, 16 - 20). Das ist meines Erachtens eine gute Faustregel, um Täuschungen über sich selbst und über andere zu entgehen. Täuschungen, weil Personen mit Selbstwertproblematiken gelegentlich dazu neigen, sich mit der Wesensdimension zu befassen, um dann das Gefühl zu haben, übermenschliche Kräfte, Einsichten und Fähigkeiten zu haben. Das ist eine Flucht vor der Übernahme von Verantwortung in der realen Welt.

Echte Meditation ergänzt immer das voll engagierte Leben. Dies haben uns alle großen Mystiker in Ost und West gezeigt. Sie alle waren aktive Menschen, die gepredigt, geheilt, gelehrt, geschrieben, organisiert haben.

Eine Vorarbeit, die Wahrheit über die eigene Wesensdimension zu erfahren, wird bereits geleistet, wenn ich mich mit mir selber auf der psychologischen, der sozialen und körperlichen Ebene vermehrt auseinandersetze und meine Aufmerksamkeit und Wahrnehmungsfähigkeit in diesen Bereichen zu schulen beginne. Im übrigen schlage ich hier für diejenigen, die noch nie in ihrem Leben ungegenständlich meditiert haben, drei Erfahrungsübungen vor:

Wie bei allen Übungen der Entspannung und der Meditation empfiehlt sich, zuerst einige lockernde Bewegungsübungen zu machen: hüpfen, springen, schwingen, dehnen, etc.

Erste Erfahrungsübung: Meditatives Zeichnen
Setz Dich im Schneidersitz vor ein mind. A3 großes Blatt, nimm einen Bleistift, Farb- oder Wachsstift zur Hand, spür dann, wie Du mit Deinem Gesäß, Deinen Füßen, den Boden berührst, auf dem Boden aufliegst, beachte, wie Du ein- und ausatmest und beginne langsam die Augen zu schließen. Stelle Dir dann in der Phantasie vor, wie Du eine rhythmische Bewegung auf das Blatt zeichnest, z.B. ein Hin und Her oder eine andere Form. Beginne dann diese Bewegung auf dem Blatt und setze sie über längere Zeit (5 bis 15 Minuten) fort und bleibe immer achtsam auf Deine Bewegung. Lasse dabei Deiner Hand immer mehr freien Lauf, kontrolliere sie nicht mit deinem Willen, sondern lasse die Zeichnung bzw. die Form geschehen. Du wirst bei dieser einfachen Erfahrungsübung sehr viel erleben!

Wenn Du es nicht alleine, sondern mit ein oder mehreren Personen zusammen machst, wirst Du mehr Spaß haben, da ihr am Schluß, wenn ihr die Augen öffnet, die unterschiedliche Art und Weise der entstandenen, kreativen Ergebnisse vergleichen und besprechen könnt. Es werden sich Unterschiede finden in Druck, Form, in Art und Weise des Verhaltens über die gesamte Zeit (Geduld, Ungeduld, Dazulernen, Wunsch nach Abwechslung, Konstanz), und dies wird Euch an einiges erinnern, das ihr auch aus Eurem Alltagsleben kennt. Diese Zeichnungen können auch symbolisch oder tiefenpsychologisch betrachtet werden. Am wichtigsten ist aber für Euch im Augenblick, daß ihr Euch austauscht über das, was Ihr während des Zeichnens erlebt habt, wie der Zeichenprozeß verlief.

Zweite Erfahrunsübung: Meditatives Gehen
Stell Dich im Zimmer oder auf einer Wiese so auf, daß Du etwa zehn Schritte (es können auch mehr sein) gerade vorwärts gehen kannst. Lege dann beide Hände übereinander und die Handflächen nach oben und die Kanten der Handflächen (kleinfingerseits) locker (auch in den Schultergelenken!) an Deinen Bauch oder Deine Taille. Blicke dabei zwei, drei Schritte vor Dich zu Boden, bei im übrigen gerader Haltung. Sei nun ganz aufmerksam auf Deinen linken Fuß, den Du voller Aufmerksamkeit langsam hebst, in der Luft nach vorne bringst und auf die Ferse (oder zuerst auf die Zehenspitzen) abstellst. Sei dann voll aufmerksam, wie Du das Gewicht langsam vom rechten auf den linken Fuß bringst und dabei den rechten Fuß langsam abrollst, in die Luft hebst, nach vorne schiebst und auf den Boden aufsetzt. Setze entweder immer die Ferse oder immer die Fußspitze zuerst auf.

Bleibe dann weiterhin aufmerksam, wie sich dasselbe mit dem linken, dann wieder mit dem rechten etc. Fuß wiederholt. Deine einzige Aufgabe ist es, deine volle Achtsamkeit und Aufmerksamkeit dem Gehprozeß Deiner beiden Füße zu widmen. Um Dich dabei zu unterstützen, kannst Du Dir innerlich sagen "links hoch, vorwärts, runter, rechts hoch, vorwärts, runter" etc. Wenn Du im Begriff bist, dies automatisch zu tun und anderem nachzustudieren, werde Dir auch darüber bewußt und komm in Deiner Aufmerksamkeit wieder zurück zu Deinen Füßen. Du wirst erstaunt sein, wieviel Gedanken und Gefühle dir in dieser Zeit durch Kopf und Herz schwirren und wie schwierig es ist, deine volle Aufmerksamkeit ununterbrochen bei Deinen Füßen zu behalten. Wenn es Dir gelingt, Dich immer besser zu konzentrieren und immer weniger abgelenkt zu werden, wird Dir Deine Konzentration, die in Dir auch eine Art Ordnung schafft, Deine Energien spürbar ordnet, Teile deiner Wesensseite zeigen, sie Dir deutlicher und erlebbarer machen.

Dritte Erfahrungsübung: Meditatives Sitzen
Setz Dich im Schneidersitz auf den Boden. Wenn Dir das unbequem ist, kannst Du auch auf einen Stuhl sitzen, auf diesem aber nicht anlehnen, sondern Deinen Rücken gerade halten. Falls Du dies früher schon gelernt hast, kannst Du auch im halben oder ganzen Lotussitz auf dem Boden sitzen. Lege deine Hände bequem auf Deine Knie, bzw. auf Deine Oberschenkel oder wie beim meditativen Gehen mit den Handkanten an Deinen Bauch. Atme einige Male tief aus und achte dann darauf, wie Dein Bauch bei der Atmung sich nach außen und innen bewegt. Konzentriere Dich bei dieser Übung auf Deine Bauchbewegung: ein, aus, ein, aus, etc. Wenn Du durch Gedanken, Körpergefühle abgelenkt wirst, werde Dir derselben bewußt, laß sie dann wie Wolken an Dir vorüberziehen und gehe in Deiner Aufmerksamkeit wieder zurück zu deinem Bauch. Auf diese Weise wirst Du ebenfalls Teile Deines Inneren, Deiner psychischen, körperlichen und wesensmäßigen Dimension erleben können. Wichtig ist dabei, daß Du mit den auftauchenden Erfahrungen und Erlebnissen nicht mitgehst, sondern diese nur zur Kenntnis nimmst und sofort wieder zurückkehrst zu Deiner Konzentrationsaufgabe. Um Teile seines Inneren erfahren zu können, brauchen verschiedene Menschen unterschiedlich lange Zeit der Konzentration, bei einigen gelingt dies erst nach 20 Minuten, einer halben Stunde oder einer Stunde. Wenn Du noch nie meditiert hast, beginne zunächst mit zehn

Minuten. Wenn Du dir Disziplin auferlegst und immer wieder zurück zu Deinem Konzentrationspunkt kommst, kann nichts passieren.

Die obigen Übungen können auch kombiniert werden. Während derartiger Übungen entstehen viele Fragen, und die Motivation, sich zu diesen Übungen zu bringen, ist nicht immer leicht. Daher bieten wir am Institut für Körperzentrierte Psychotherapie IKP auch mehrere Kurse an, die in diese Formen der Meditation einführen und diese vertiefen. Die sitzende Meditation ist auch unter den Begriffen ZaZen, Vipassana, bekannt: Bewegungsmeditation als T'ai Chi, Yoga, Aikido, etc.

Wir legen in der Körperzentrierten Psychotherapie IKP auch Wert darauf, dan Meditierenden zu lehren, Meditation ins Leben zu integrieren, d.h. schließlich ihre Arbeit und ihr Tun meditativer zu gestalten, d.h. mit mehr Konzentration und Ganzheitlichkeit. Damit ist nicht gemeint, daß das langsame Gehen, Bewegen, Zeichnen ins Berufsleben eingebaut wird. Die Verlangsamung bei der Meditation ist nur Mittel zum Zweck, die Konzentration zu üben. Die durch die Meditation entstandene innere größere Lebendigkeit und Ordnung trägt dazu bei, mit mehr Freude, innerer Anteilnahme und Konzentration arbeiten und Kontakte zu schließen zu können.

Strukturen der Wesensdimension: "Ur" und "Trans"

Während wir für die übrigen Seinsdimensionen Struktur- und Prozeßbegriffe haben (Ich, Es, Unbewußtes, Panzerung, Homöostase, Meter, Stunde) gibt es für die spirituell-transzendente, die Wesensdimension, keine greifbaren Vorstellungen. Begriffe sind aber auch für diese Dimensionen notwendig. Ich schlage daher "Ur" und "Trans" vor. Unter "Ur" verstehe ich noch nicht bewußt gewordene Wesensinhalte. Es sind dies andere Kräfte und Gefühle als verdrängte Triebe oder Wünsche im Sinne des sogenannten "Es" von Freud oder von gespeicherten Erinnerungen. Bereits C.G. Jung hat darauf hingewiesen, daß im Unbewußten auch kreative und prospektive (d.h. auf die Zukunft hin gerichtete) Tendenzen sind und die sogenannten Archetypen. Unter letzteren hat er ein verschiedenen Menschen gemeinsames Erleben von Symbolischem verstanden. In diese Richtung gehen auch meine Überlegungen und Erfahrungen betreffend unbewußten Inhalten der Wesensdimension.

Diese Inhalte können im Unterschied zum Es dem Menschen eine Art höhere Führung zukommen lassen, die ihn gleichzeitig tiefer zu seinem innersten Kern führt, obschon er in der Welt aktiv wird. Diese

“Ur”-Inhalte sind mehr Prozessen der rechten, als der linken Hirnhemisphäre zugänglich, d.h. weniger analytisch oder logisch als vielmehr bildhaft symbolisch, synthetisierend, ganzheitlich wahrnehmbar. Diese Anteile unbewußter Kräfte der höchstpersönlichen spirituell-transzendenten Seinsdimension bezeichne ich in Abgrenzung zum Es als “Ur”. Wenn diese Kräfte bewußter werden, stärker in die Gesamtpersönlichkeit integriert, werden sie verfeinert. Aus dem eher nebulösen, die Persönlichkeit bei Gelegenheit überschwemmenden “Ur” wird nach meiner Definition: “Trans”. Währenddem also gewisse religiöse Handlungen bei Urvölkern ein Leben und Lebendigwerden des “Ur” beinhalten, können diese “Ur”-Rituale mit der Zeit menschengerechter angepaßt zu “Trans”, bzw. “Trans”-Ritualen werden. Wenn also z.B. die Azteken dem Sonnengott Menschenopfer darbrachten, die sie durch schwierige Ballspiele ermittelten, deutet das auf einen intensiven Bezug zum Erleben von göttlicher Allmacht hin, zeigt aber, daß die Grausamkeit, die Menschen gegenüber dadurch widerfährt, nicht beachtet wurde, daß die bewußte Wahrnehmung des Göttlichen auch im Menschen selbst noch nicht erfolgt war. “Trans” ist ein in den Wachstumsprozeß gemäß humanistischer Psychologie eingebettetes “Ur”.

Kapitel 5

Energie gewinnen durch Shiften.

Theorie vom aktiven Shiften

Das neue Modell (Paradigma) für Gesundungs- und Erkrankungsprozesse geht zurück auf meine Shifting-Theorie. Im Kapitel 4 wurde die Notwendigkeit der optimalen Stimulierung für Gesundheit und Entfaltung bereits dargelegt.

Um die Frage zu beantworten, weshalb wir gesund bleiben, körperlich,

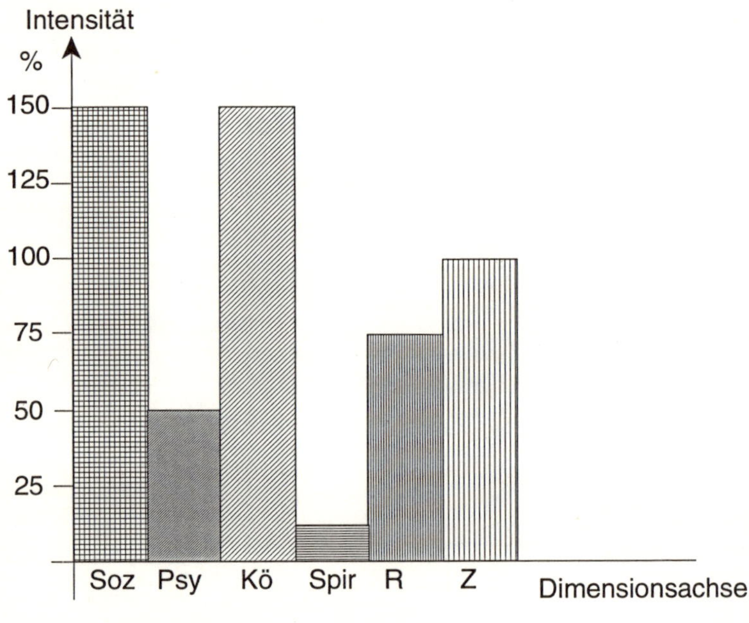

Abb. 19: Arbeits-Dimensionsdiagramm
Dieses Beispiel eines subjektiven Dimensionsdiagramms zeigt eine Vordergründigkeit hinsichtlich Intensität und/oder Zeit der sozialen und körperlichen Dimension und mangelhaftes Leben der psychischen und spirituellen Dimension (Norm: 100%).

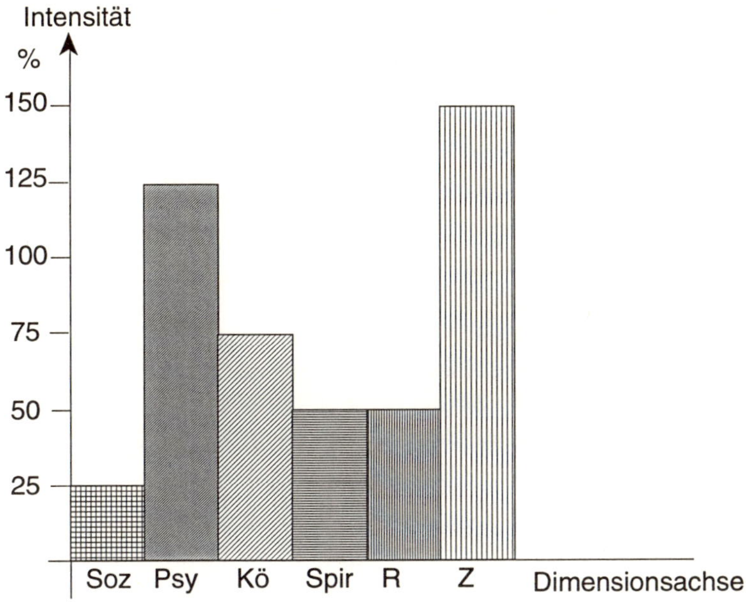

Abb. 20: Freizeit-Dimensionsdiagramm
Dieses Diagramm desselben Menschen (vgl. Abb. 19) zeigt in der Freizeit eine Vordergründigkeit der Zeit und der psychischen Prozesse (Grübeln und Tagträumen) und unbefriedigendes Leben der sozialen, räumlichen und spirituellen Dimension (Norm 100 %).

psychisch, hinsichtlich sozialer Integration und Bezug zur Wesensdimension, müssen wir sämtliche alten, eingefleischten Denkschemata, an die wir durch Gewohnheit zu glauben begonnen haben, für einen Augenblick beiseite legen. Weil es leichter ist, zu fragen, weshalb wir krank werden, sind die meisten bisherigen westlichen Vorstellungen von Gesundheit auf dem Nicht-Kranksein aufgebaut: Um nicht krank zu werden, dürfen wir weder Verdorbenes, noch zu viel essen, nicht Alkohol und Nikotin mißbrauchen, uns nicht zu großer Wärme oder Kälte aussetzen, uns nicht stressen, nicht alles gefallen lassen, etc. Wie aber bleiben wir gesund? Wie fördern wir unser Gesundsein, unser Gesundheitspotential?

Schauen wir wie die Natur Gesundsein und Entwicklung fördert. Sie ist in beständigem Wechsel. Es dauerte lang, bis die Menschheit erkannte, daß selbst die Gestirne, ja die Erde nichts Fixes sind, sondern in dauernder Bewegung. Für das Bekenntnis "und sie bewegt sich doch" wurde Galileo Galilei noch umgebracht. Das ist es, was die Welt im Innersten zusammenhält: beständiger Wechsel. Alles ist veränderlich. Wir atmen ein und aus, wachen und schlafen, essen und verdauen.

Diese rhythmische Folge bringt Dynamik, läßt die einen Prozesse sich erholen, während sich die andern gewissermaßen verbrauchen und umgekehrt. Des einen Sinken ist des andern Steigen. Dies gilt zum Beispiel für die Zu- und Abnahme von Sauerstoff und Kohlendioxid im Körper. Dieses Grundprinzip von Leben ist auch symbolisch in vielem andern gegeben. Des einen Sieg ist des andern Niederlage, das Wachsen der einen bedeutet das Altern der andern und umgekehrt. Wechsel zwischen dem, was zusammengehört, ist also ein Lebensprinzip. Daher ist auch das Wechseln, bzw. Shiften von einer Seinsdimension zur andern beim selben Menschen ein grundlegendes Lebensprinzip.

Unsere Kultur verführt uns aber durch Technisierung (Computer), Intellektualisierung, unpersönliche Kommunikationsangebote (TV, Radio, etc.) einseitig zu werden, uns vorwiegend in bestimmten Dimensionen zu "spezialisieren" bzw. zu fixieren. Wenn Gesundbleiben Wechseln heißt, bedeutet Sich-Fixieren auch Krankwerden. Uns zum Beispiel im Psychischen, in seelischen Problemen oder im sozialen, technischen zu fixieren hat zur Folge, daß unser Erlebnishorizont und Tätigkeitsradius eingeschränkt werden. Damit nehmen auch die natürlichen Hilfsmöglichkeiten (Ressourcen) bei Problemen und Störungen ab.

In der Körperzentrierten Psychotherapie IKP betonen wir, daß gesund werden und bleiben heißt, auch aus anderen als den betroffenen Seinsdimensionen Überbrückungshilfen, Kraft, neue Impulse, kreative Lösungsversuche einsetzen zu können, statt sich nur auf die problemträchtige Seinsdimension zu fixieren. Die bisherigen Psychotherapieformen waren größtenteils darauf ausgerichtet, den kranken Menschen in dieser Fixierung noch zu bestärken. Wer psychische Probleme hatte, besprach sich stunden-, monate-, jahrelang über psychisches Erleben und Verhalten. Wer soziale hatte, besprach sich über Soziales. Die Gefahr, die "Fixierung" dadurch noch mehr zu festigen, ist offensichtlich. Weshalb dies doch häufig in Therapien erfolgte und auch gewisse Erfolge brachte? Dies hängt nach der Shifting-Theorie mit folgendem zusammen. Wenn ein Patient in eine Therapie oder Psychotherapie kommt, macht er immer bereits einen

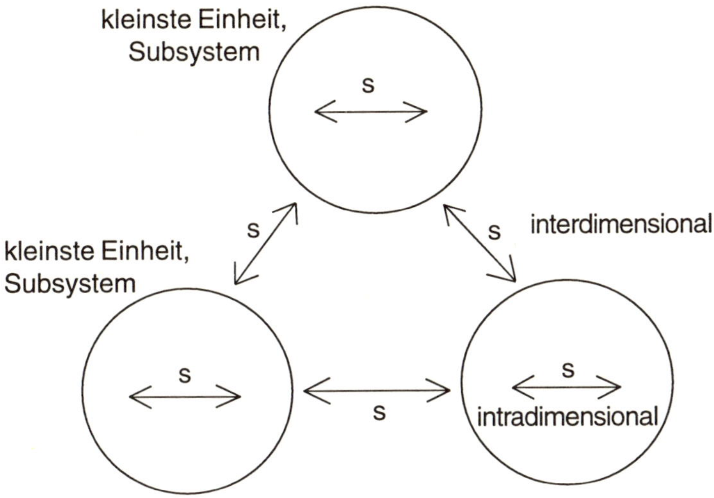

Folgende Symbole bezeichnen die Tätigkeit des aktiven Shiftens:

Hin- und herwechseln: ←
→

Als Kurzform: $\overset{s}{\longleftrightarrow}$

Abb. 21: Aktiv Shiften heißt:
Innerhalb eines Ganzen oder eines Systems wechseln. Geschieht dies bewußt, ist es nicht nur ein Shiften, sondern ein aktives Shiften. Wenn dies innerhalb eines Ganzen oder eines einheitlichen Systems geschieht, ist ein Wechseln nach gewisser Zeit auch mit einer Rückkehr zum Ursprung verbunden. Vgl. auch Abb. 22

Shift. Er bringt seine psychischen Beschwerden in einen andern Rahmen, in einen sozialen. Er macht also einen Shift vom Psychischen ins Soziale, welche Methode auch immer die Therapeutin anwendet.

Unsere ganzheitlich orientierte Fragestellung lautet: Was kann ich als Mensch tun, um die die Gesundheit fördernden Prozesse des (optimalen) Wechsels möglichst wenig zu blockieren, bzw. zu unterstützen? Die Antwort lautet: Aktiv shiften.

Was heißt aktiv shiften?

Shiften heißt wechseln und ist eine Tätigkeit, die wir in gesunden Lebensphasen so gewohnheitsmäßig machen, daß es uns oft nicht mehr bewußt wird. Die Ausnahme ist, wenn wir spüren, daß Shiften in uns blockiert ist.

Aktiv Shiften heißt als erstes sich in unserer Zeit der Spezialisierung und des Einseitigwerdens unserer Vielseitigkeit und Ganzheit wieder bewußt werden. Auch dazu dient das anthropologische Würfelmodell. Wir können uns selber fragen oder in einer Therapie gefragt werden, wieviel Zeit wir, absolut oder verglichen mit anderen Menschen für eine bestimmte Dimension aufwenden. Ob wir beispielsweise die gesamte Freizeit, nachdem wir bereits während der Arbeit im sozialen Kontakt stehen, in Gruppen verbringen (soziale Dimension) und praktisch nie eine Minute der Stille für uns allein haben (einüben der spirituell-transzendenten Dimension). Ob vielleicht die Raumdimension bei uns verkümmert ist (wir uns meist am selben Ort, in der selben Wohnung, im selben Dorf aufhalten oder gelegentlich auf Reisen gehen).

Wie ist es mit der Zeitdimension? Leben wir vorwiegend in der Vergangenheit oder Zukunft, oder - nur im Hier und Jetzt ohne Verbindung zu Vergangenheit und Zukunft? Lassen wir also auch innerhalb der Zeitdimension etwas verkümmern? Um mehr Klarheit darüber zu bekommen, schlage ich vor, ein Dimensionsdiagramm, sowohl für den Arbeits- als auch für den Freizeitbereich zu machen und zwar unter dem Aspekt der Vorder- und Hintergründigkeit. Diese Vorder- und Hintergründigkeit drückt sich aus in Intensität und Zeitdauer der Beschäftigung. Es geht dabei nicht um eine absolut objektive Feststellung bzw. Diagnostik, sondern um einen Bewußtwerdungsprozeß der betreffenden Person, der subjektiv gefärbt sein muß, da die Norm für jede Person wieder eine andere ist und auch für jeden Lebensabschnitt wieder anders sein kann und auf die Entwicklungsbedürfnisse zurückgeht (vgl. Abb. 21 und 22, und Maurer 1993).

Weiter heißt "Aktiv Shiften" auch, die Freiheit zu haben, bewußt vom einen zum anderen zu wechseln, wenn unser Bedürfnis und das Lebensganze es erfordern und bei gegebener Zeit wieder zurück zu wechseln (Abb. 21, 22). Wenn wir das anthropologische Würfelmodell zur Hand nehmen, können wir sagen, daß wir folgende Möglichkeiten zum Shiften haben:

Intradimensionales Shiften

Gemeint ist das Shiften innerhalb der einzelnen Seinsdimensionen. In der körperlichen Dimension wechseln (shiften) wir z.B. vom Stehen

a) Intradimensionales Shiften (wechseln innerhalb eines Bereiches)

Körperlich:	Z.B. spannen - entspannen; sitzen - gehen;
Sozial:	Z.B. Gruppe - zu zweit;
Psychisch:	Z.B. bewußt - unbewußt; Ich - Es - Über-Ich; kindliches Spielverhalten - erwachsene Verantwortungs übernahme und Fürsorge introvertiert - extravertiert
Spirituell:	Z.B. zu meiner Mitte hin - aus meiner Mitte heraus;
Zeit:	Gegenwart - Zukunft - Vergangenheit
Raum:	Z.B. am Ort bleibend - reisend; auf der Erde - über der Erde, vorwärts - rückwärts - seitwärts;

b) Interdimensionales Shiften (wechseln zwischen Seinsbereichen)

Lebendige Vielfalt in der Einheit des Menschen. Shiften (↔) ist Voraussetzung für einen guten Zusammenhalt, eine lebendige Integration zwischen den Seinsdimensionen

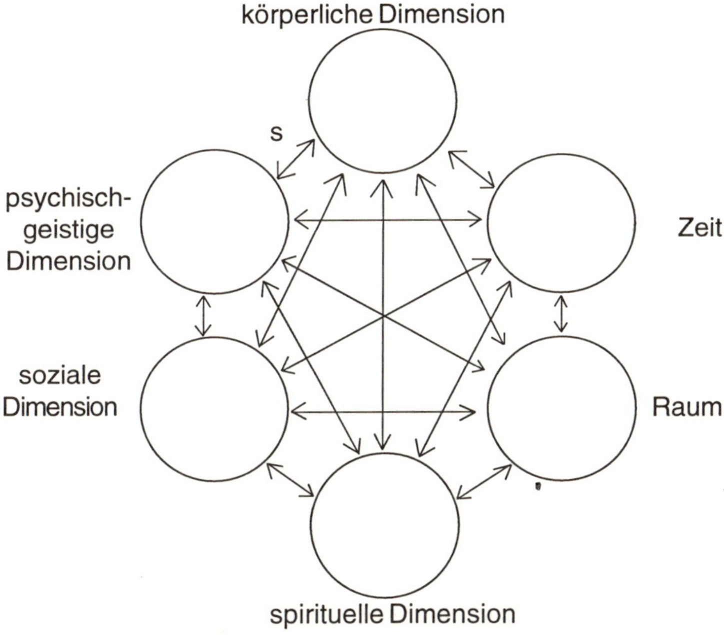

Abb. 22: Shifting Theorie nach Dr. Yvonne Maurer hinsichtlich Seinsdimensionen (vgl. Abb. 12). Shiften erhöht das Energieniveau im Shiftenden. Dadurch kommt mehr Dynamik in den psychotherapeutischen Prozeß.

ins Sitzen, ins Liegen oder von einem muskulär gespannten in einen entspannten Zustand, von einer aufrechten in eine niedergedrückte Haltung, von einer Bewegung zur Ruhe, von der Schwere zur Leichtigkeit, vom Stoßen zum Umfassen etc.

Innerhalb der sozialen Dimension: Vom lauten Fest in die traute Zweisamkeit oder zum Arbeitsplatz, vom Kinder- zum Erwachsenen- oder Eltern-Ich (Berne, 1961, 1970), wobei diese Ich-Zustände je nach Vordergründigkeit entweder der psychischen (vgl S. 66) oder der sozialen Dimension zugerechnet werden können.

In der psychischen Dimension wechseln wir z.B. vom Sprechen zum Schreiben oder vom Tagträumen zum Handeln, vom Hören zum inneren Selbstgespräch, vom Bewußten zum Unbewußten oder auch vom Ich zum Es oder Über-Ich etc.

In der spirituell-transzendenten Dimension: zur Mitte hin und von der Mitte weg, oder wir bleiben aufmerksam bei der meditativen Einübung in die Wesensdimension, auf die Bauchdeckenbewegung, die infolge des Atems, bald nach außen, bald nach innen geht. In der Dimension der Zeit shiften wir zwischen Gegenwart, Vergangenheit und Zukunft oder hinsichtlich der Zeiteinteilung, indem wir uns bald mehr für die Sekunden, die Stunden, die Jahre oder Jahrhunderte interessieren.

Auch innerhalb der Dimension des Raumes gibt es viele mögliche Shifts: Hier - dort, links - rechts, oben - unten, vorwärts - rückwärts - seitwärts, am Ort bleibend - sich fortbewegend, unter der Erde - auf der Erde - über der Erde etc. (vgl. Abb. 22a).

Interdimensionales Shiften

Darunter wird das Shiften zwischen den verschiedenen Dimensionen verstanden. Diese interdimensionalen Shifts sind ebenso wie die intradimensionalen bedeutsam, wenn nicht noch bedeutsamer für die optimale Aktivierung der Persönlichkeit. Wenn ich als Therapeutin z.B. in der Therapie vom Gespräch überleite zum Spüren der aktuellen körperlichen Haltung, diese sich verstärken lasse, erfolgt ein Shift vom vorwiegend Psychischen und Sozialen (Gespräch) zum Körperlichen. Wenn ich intensiv geistig arbeite und dann vom Tisch aufstehe und Gartenarbeit verrichte oder auch nur mich räkle und strecke, habe ich geshiftet, nämlich vom Psychischen (Geistigen) ins Körperliche. Dies ist ein Dimensionswechsel. Derartige Dimensionswechsel gehen für aufmerksame Menschen immer mit einem Wechsel in der Gefühlsqualität einher. Nach einem interdimensionalen Shift fühlt sich der Betreffende anders. Ist dies nicht der Fall, ist er dem Prozeß seiner Wahrnehmung nicht gefolgt. Dies kann ein Hinweis dafür sein, seine Wahrnehmungsfähigkeit als erstes zu fördern. Eine Hilfe kann dabei das VAKO-Shiften sein.

VAKO-Shiften (wechseln der Sinneskanäle)

Unter VAKO (Abk. für Visuell - Akustisch - Kinästhetisch/taktil - Olfaktorisch) - Shiften verstehen wir den Wechsel zwischen den verschiedenen Sinneskanälen (Abb. 23).

Das Fördern von Sinneswahrnehmungen durch Erfahrungsübungen, wie das Betrachten eines selbstgemalten Bildes, das Betasten der Haut an verschiedenen Körperstellen, das intensive Wahrnehmen von Klängen usw. ist wichtig zur Förderung der Wahrnehmungsfähigkeit. Das gefühlsmäßige Erleben wird durch besseres Wahrnehmen bunter, frischer, farbiger, sinn-voller. Da auch viele Partnerschaftsprobleme auf schwachen oder einseitigen Sinneswahrnehmungen beruhen, da ein Partner z.B. vor allem auf akustisches Wert legt und der andere vorwiegend auf visuelles, hilft die Verbesserung der Wahrnehmung aber auch das Wechseln und Nicht-fixiertbleiben auf einem Sinneskanal zur besseren Kommunikationsfähigkeit.

Gegenseitiges Beschimpfen in einer Partnerschaft geht auf verschiedene psychische und kommunikative Gründe zurück, u.a. aber auch auf ein gegenseitiges Fixiertsein im akustischen Kanal. Eine Hand auf die Schulter oder den Oberarm des anderen gelegt wäre meistens die bessere Lösung.

Shiften ist kein Weichen vor dem Widerstand

Als solches wäre Shiften selbstverständlich abzulehnen. Wer das sagt hat "aktives Shiften" nicht verstanden. Die Indikation zum Shiften ist nicht der Widerstand sondern der Energiemangel. Nicht zuletzt kann es auch der Energiemangel sein, einen Widerstand als solchen wahrzunehmen und ihn durch diesen ersten Schritt bereits etwas abzubauen. Wenn ein Ressourcenprozeß blockiert ist, z.B. ein Mensch nicht anders kann, als das Negative einer Situation, z.B. am nichtbestandenen Examen, am Nachlassen des Gedächtnisses, der körperlichen Kräfte, am häufigen Abwesendsein des Partners zu sehen, braucht diese Blockierung nicht auf einen Widerstand zurückzugehen oder zumindest nicht nur auf denselben. Die Blockierung kann auch zurückgehen auf einen Energiemangel. Nicht

Visuell -	Sehen	↑	Aufbau ganzheitlichen Erlebens und Verwirklichung des Erfahrungskontinuums
Akustisch -	Hören	s	
Kinästhetisch-	Tasten Bewegen	↓	
Olfaktorisch -	Riechen		

Die VAKO-Wahrnehmungen sind ein Lebensausdruck des gesamten Menschen.
Sie können denjenigen Dimensionen zugeordnet werden, die zur selben Zeit vordergründig sind. Zum Beispiel bei einem Partnerstreit der sozialen Dimension. Beim Lesen eines Buches wird "sehen" der psychischen Dimension zugeordnet etc. Bei Unsicherheit werden "hören", "sehen", "riechen", "tasten", "bewegen" derjenigen Dimension zugeordnet, auf die sie im Augenblick stärksten Einfluß nehmen.

Abb. 23: VAKO-Shiften
(Intersensorielles Shiften: Wechseln der Sinneskanäle)

hinter jedem Energiemangel steckt ein Widerstand. Mit einem Widerstand kann umgekehrt umso besser umgegangen werden, je mehr Energie vorhanden ist. Shiften bringt also den Menschen zu den ihm innewohnenden Quellen (Ressourcen) zurück, durch die der Betreffende dann aus der Blockierung herausfindet, oder falls ein unbewußter Widerstand vorhanden war, die Kraft hat, an ihm zu arbeiten. Der Therapeut wird also einen möglichen Widerstand im Auge behalten und nach dem Shiften mit dem Klienten dorthin zurückkehren.

Wie lange dauert Shiften und weshalb muß das therapeutische Shiften erlernt werden?

Shiften in der Therapie kann ein kurzer, ein mehrere Minuten langer oder ein längerfristiger wochen- bis monatelanger Prozeß sein.

Mit den Klienten shiften und sie dies anwenden lehren, muß von den Therapeuten gelernt werden, weil die Gefahr groß ist, daß die

Klienten die Therapeuten in die Fixierung mit hineinziehen. Ich habe den Verdacht, daß, wenn heute neurotische Störungen nur vom tiefenpsychologischen Standpunkt aus behandelt werden, der Therapeut in die Fixierung des Klienten einbezogen wird.

Zusammenfassend möchte ich festhalten, daß "Aktiv Shiften" d.h. bewußtes Wechseln auf einer der genannten Ebenen (intradimensional, interdimensional und hinsichtlich den Sinneskanälen) das Energieniveau der betreffenden Person erhöht. Diese aktivierende Wirkung kann daher auch in der Psychotherapie nutzbar gemacht werden. Durch Shiften kommt mehr Dynamik in den psychotherapeutischen Prozeß. Diese Dynamik ist aber nicht einseitig, sondern ausgewogen: Gleichzeitig wie etwas aktiviert wird, kann dasjenige, das nicht mehr im Zentrum des Aktiviertseins steht, sich in einem Erholungsprozeß regenerieren. "Aktiv Shiften" heißt also bewußt aktivieren und gleichzeitig Erholung gönnen, heißt loslassen und Neues finden, heißt verändern, vernetzen, integrieren, kurz: leben.

Die Lebensprozesse und unser Erleben von Energie

Betrachten wir nun das Shiften unter dem Aspekt des Energieerlebens.

Von der Schule her haben wir teilweise falsche Vorstellungen über Energie. Wir lernten: die Summe aller Energien bleibt konstant (Abb. 26) und haben uns die Gesetze der Mechanik von Newton eingeprägt: Aus potentieller Energie (Stein auf einer Mauer) wird kinetische Energie (durch den Fall des Steines zu Boden) und umgekehrt, um den Stein wieder auf die Mauer hochzuheben, braucht es Arbeit. Diese Arbeit entspricht dem Gewicht (Kraft) mal dem Weg:

Arbeit (A) ist gleich Kraft (K) mal Weg (S).

$A = K \times S$

Das heißt, je mehr Kraft gefordert ist oder je länger der Weg, desto mehr Arbeit oder Energie muß ich aufwenden. Diese Gesetze haben ihre Gültigkeit für die *anorganische*, unbelebte Welt, nicht aber für den Menschen, den organischen Bereich. Aber von jenem Wissen um mechanische Gesetze leitet sich wohl die Vorstellung vieler Menschen ab, daß sich wenig anstrengen, sich schonen, frisch erhält und umgekehrt sich anstrengen den Menschen verbraucht. Das aber ist eine falsche Meinung und stimmt nicht! Was für den anorganischen, mechanischen Bereich Gültigkeit hat, hat es nicht unbedingt für den organischen und psychischen Bereich. Anstrengung macht vorübergehend müde, aber mittel- und langfristig wird der Mensch dadurch gestärkt. Die Kraft und Energie des Menschen paßt sich den Anforderungen an! Dies geschieht selbstverständlich innerhalb eines gewis-

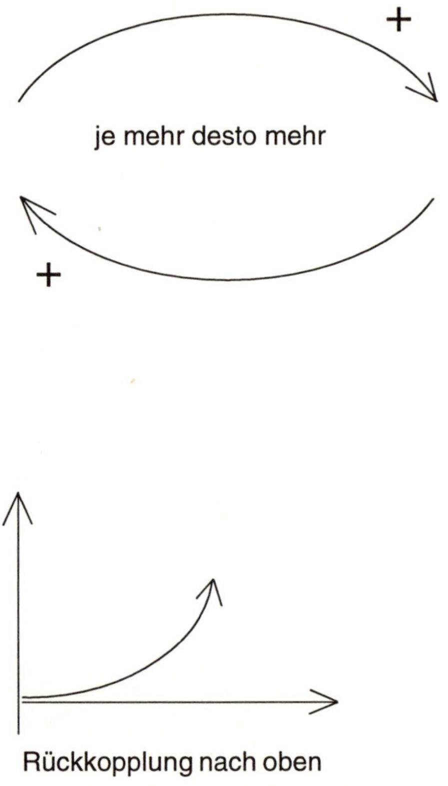

Abb. 24: Energieprinzip für die spirituellen, psychischen und körperlich- organischen Bereiche ("Je mehr desto mehr"- Prinzip).

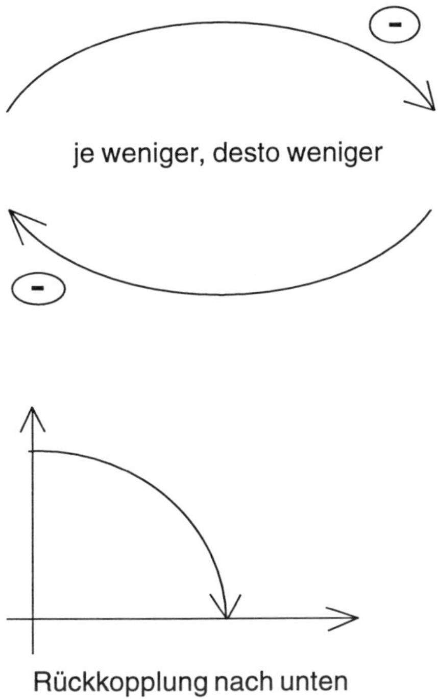

Abb. 25: Energieprinzip für die spirituellen, psychischen und körperlich-organischen Bereiche ("Je weniger desto weniger" -Prinzip).

sen Rahmens, der aber meist weiter gespannt ist als die Menschen vermuten. Dies gilt nicht nur für den körperlichen, sondern auch für den sozialen, psychischen und spirituellen Bereich (Abb. 24 und 25). Wir sprechen heute auch vom guten Streß, dem sogenannten Eu-Streß.

Übrigens wurden inzwischen selbst die Gesetze für die anorganische Welt überholt. Max Planck und Einstein verwiesen darauf, daß die Materie letztlich nichts Festes sei und nicht einfach in isolierte Grundbausteine zerlegt werden könne (Quantentheorie).

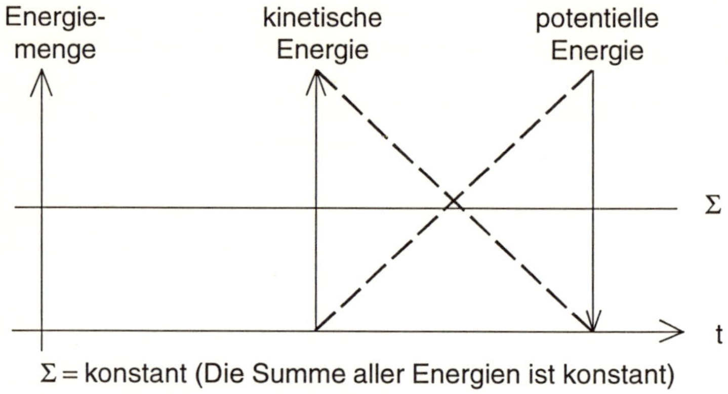

Abb. 26: Energieprinzip für die anorganische, unbelebte Welt: "Je mehr desto weniger" - Prinzip.

Es wurde deutlich, daß sich viele Energiephänomene nicht mit den bekannten physikalischen Gesetzen erklären lassen. Heute wird in der Physik immer weniger in der Vorstellung von fester Materie oder Kraft gedacht, sondern viel mehr in den Vorstellungen von Wechselwirkungen und Austausch (Interaktionen).

Wenn wir in der Körperzentrierten Psychotherapie IKP menschliche Energie als Prozeß von Wechselwirkungen verstehen, wird auch deutlicher, weshalb aktives Shiften zu neuer Energie führen kann. Shiften ist keine zusätzliche Anstrengung, die viel Energie braucht, sondern setzt nach kurzem Einsatz viele Energien erneut frei, entblockiert. Wir kommen damit einem wichtigen menschlichen Energiegesetz auf die Spur: Ich nenne es das "je mehr, desto mehr," bzw. "je weniger, desto weniger-Prinzip". Übrigens steht schon in der Bibel: Wer hat, dem wird gegeben, wer nicht hat, dem wird noch genommen, was er hat.

Jeder kann dieses Energieprinzip selbst nachprüfen. Sie fühlen sich schlapp, möchten noch etwas erledigen, fühlen aber zu wenig Energie dazu. Wenn Sie jetzt auch nur für 5 - 10 Minuten in Ihrem Zimmer vor dem offenen Fenster Hüpfübungen am Ort mit verschiedenen Beinstellungen (offen, geschlossen, etc.) machen, haben Sie sich mehr angestrengt als vorher und doch anschließend fühlen Sie sich sogar frischer: Also je mehr Anstrengung, desto mehr Energie. Ist dies nicht jetzt gerade ein Versuch wert? -

Das "je mehr desto mehr Energieprinzip" wird aber immer dort begrenzt, wo die Einseitigkeit beginnt und der Mensch aufhört, dieses Prinzip ganzheitlich zu gebrauchen: dann wenn übertrieben nur noch im körperlichen Bereich über zu lange Zeit etwas gemacht wird oder nur noch im psychischen oder nur noch im sozialen oder spirituellen Bereich. Daher ist das "je mehr, desto mehr Energieprinzip", verbunden mit dem aktiven Shiften, ein grundlegendes gesundheitsförderndes Prinzip menschlichen Seins.

Dem gesundheitsfördernden "je mehr, desto mehr Energieprinzip" steht auf der andern Seite das krankheitsfördernde "je weniger, desto weniger Energieprinzip" gegenüber: Je weniger ich wechsle, bzw. shifte, desto mehr kommt es zu Erstarrung, Begrenzung, Einengung, Spezialisation, bzw. auch Einseitigkeit und damit zu größerer Störungsanfälligkeit und auch zur Abnahme von Kompensations- und Ressourcemöglichkeiten bei Störungen. Je mehr ich also nur innerhalb einer bestimmten Dimension lebe oder je weniger ich zwischen verschiedenen Dimensionen shifte oder je mehr ich mein Leben auf einen einzigen Sinneskanal ausrichte, desto gefährlicher lebe ich. Desto mehr fehlt auch die Energie, mich als Ganzes, als Einheit zusammenzuhalten, als zusammengehörig zu erspüren.

Und nochmals: das aktive Shiften hat nichts zu tun mit oberflächlichem Hin- und Herwechseln, um sich nirgends einlassen zu müssen. Das wäre ein Abwehrverhalten, das nicht aktiviert, sondern ermüdet, das Leben immer mehr zur Farce werden läßt. Aktives Shiften heißt mit dem stets wechselnden Lebensprozeß mitgehen. Das braucht nicht, sondern bringt Energie.

Ganzheitlich kann werden, wer das "je mehr, desto mehr- und je weniger, desto weniger-Energieprinzip" verstanden hat und es für sich anwendet.

Veralteter Mythos:

"Jedem Menschen steht nur ein
begrenztes Energiequantum zur Verfügung."

Kapitel 6

Zur Entstehung von psychischen und psychosomatischen Störungen

Aus dem in den vorangehenden Kapiteln Gesagten geht hervor, daß wenn gesundheitsfördernde Prozesse abnehmen, das Entstehen von Störungen und Krankheiten eher möglich ist. Dann wird wohl aufgrund des allgemeinen Energiemangels eher verdrängt, ein systemisch (sozial) bedingtes Symptom entwickelt, eine Konditionierung ermöglicht, retroflektiert, d.h. aggressives Verhalten eher gegen sich selbst gerichtet, auch Selbstentwertungstendenzen und psychotische Reaktionen sind dann eher möglich.

Diese den Symptomen vorausgehenden Mechanismen müssen ebenfalls berücksichtigt werden. Doch sollten wir uns bewußt bleiben, daß diese Modellmechanismen nur einen Teil des komplexen Geschehens der Symptomentstehung beschreiben. Meine Beobachtungen führten mich zur folgenden Theorie.

3-Phasen-Theorie zur Symptomentstehung

Jedes derartig entstandene Symptom hat dann Auswirkungen auf die Gesamtheit des Menschen, d.h. es kommt zu Folgen in den verschiedenen Seinsdimensionen, die meist die erstgenannte

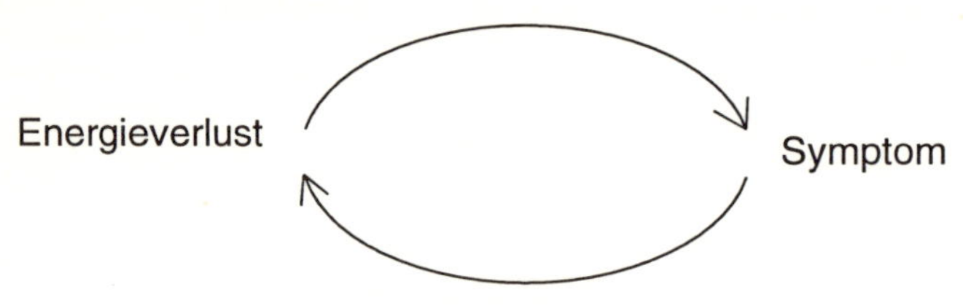

Abb. 27: "Positive" Rückkoppelung (je mehr Energieverlust, desto eher und stärker ein Symptom, desto mehr Energieverlust ect.)

Disposition zu Störungen noch verstärken. Damit ist ein Teufelskreis, eine Rückkopplung zwischen Energieverlust und Symptomentstehung entstanden (Abb. 27):

Mit andern Worten: Weil nicht nur Reaktionen wie Konditionierung, Abwehrmechanismen, z.B. Verdrängung, Retroflektion, etc. notwendig sind für eine Symptomentstehung, sondern eben auch eine Disposition durch Senkung des allgemeinen Aktivitäts-, Energieniveaus und des Bezogenseins auf Ganzheitlichkeit*, wird auch erklärbar, weshalb verschiedene Menschen in ähnlichen Umständen verschieden starke Reaktionen entwickeln. Dieses Entwickeln von Reaktionen hat nicht nur mit ihrer Vergangenheit zu tun, mit der bisher erworbenen psychischen Struktur, sondern hat sehr viel zu tun mit dem aktuellen Aktivitäts- und Energieniveau. Dies erklärt auch, weshalb Geschwister, sogar eineiige Zwillinge in denselben familiären Verhältnissen unterschiedlich erkranken können. Die aktiveren oder/und breiter interessierten Kinder bleiben länger gesund, werden weniger schnell oder weniger stark psychisch krank (Abb. 28).

Praktische Beispiele

Das Gesagte soll an den folgenden Beispielen von Herrn G. und Frau B. kurz erörtert werden.

Herr G., 38jährig

Der Patient kommt in meine Sprechstunde mit einer schwer depressiven Symptomatik.

Seine Klagen: er sei nervös, wisse nicht mehr ein noch aus, wache nachts panikartig auf, denke daran, sich die Pulsader aufzuschneiden, finde das Leben sinnlos, "was soll's?" Seine Freundin lasse ihn nicht mehr alleine zu Hause aus Angst, er könnte sich etwas antun, er sei viel zu passiv geworden, hätte Angst vor der Zukunft, seine Gedanken kreisten um Negatives, er habe beklemmendes Gefühl im Oberkörper, das Gefühl unter Druck zu stehen. Seit einiger Zeit zudem ein hoher feiner Ton als Geräusch im Ohr. Gelegentlich habe er auch ein komisches Gefühl in der linken Hand, am Oberkörper und im Hals, es sei ihm manchmal halb schlecht, er komme sich minderwertig vor, schleppe sich am Arbeitsplatz nur noch knapp durch. Alles

* d.h. ausgewogenes Leben sämtlicher Seinsdimensionen gemäß dem anthropologischen Würfelmodell

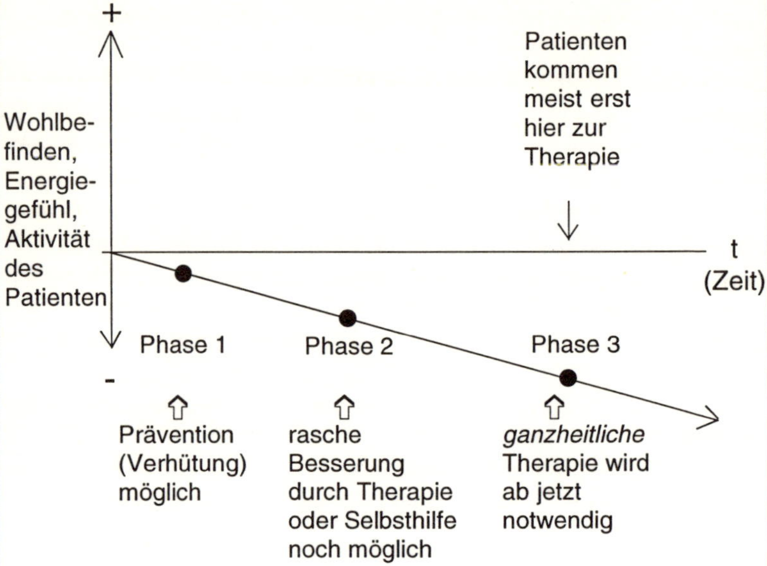

Phase 1: **Energetische Prädisposition**
Abnahme gesundheitsfördernder Aktivität (Senkung des Energieniveaus, "je weniger desto weniger Energieprinzip")

Phase 2: **Störende Reaktionsbildung**
z.B. gemäß Vorstellungen der Verhaltens-, Tiefen- oder Systempsychologie ("Symptom" im herkömmlichen Sinn)

Phase 3: **Erfolgte Umstrukturierung in den verschiedenen Seinsdimensionen**

(vgl. Kap. 6 und 7)

Abb. 28: 3-Phasen-Theorie zur Entstehung psychischer und psychosomatischer Erkrankungen (nach Maurer)

hätte sich auch negativ auf seine Sexualität ausgewirkt und er habe Angst, auch die Beziehung zur Freundin noch zu gefährden.

Dieser Zustand bestehe bereits seit ca. sieben Monaten. Bisherige Therapieversuche beim Hausarzt und während eines zweitätigen Klinikaufenthalts vermochten nicht zu helfen.

Zur Entstehungsgeschichte: Zusammen mit seiner Freundin aus einer dreimonatigen Ferienreise in einem fernen Land zurückgekehrt, blieb er zunächst allein zu Hause, um sich eine neue Stelle zu suchen, währenddem die Freundin an ihrem alten Arbeitsplatz weiterarbeiten konnte. Nachdem es ihm in den Ferien gut ging, begannen nun in dieser Zeit der verminderten Aktivität, der Unterforderung, des (verglichen mit vorher) stark verminderten Shiftens*, rasch die ersten Schwierigkeiten. Als erstes trat bei dem zu Hause stark Isolierten damals die Angst auf, keine Stelle zu finden. Dadurch, daß er nicht beschäftigt war, konnte er sich auf diese Idee fixieren. In der Folge wurde er zunehmend depressiv, entwertete sich selbst, wurde immer passiver, ging kaum mehr aus dem Haus (ein Beispiel für das "je weniger desto weniger Energieprinzip" vgl Abb.25, 27). Die Partnerin konnte dann für ihn eine Stellenzusage erreichen und der Zustand wurde mit Stellenaufnahme wieder gebessert (das "je mehr desto mehr Energieprinzip" kann wieder greifen).

Nach weiteren drei Monaten erneute zunehmende Verschlechterung des Zustandes, bis er mich schließlich in meiner Praxis aufsuchte und die oben beschriebene Symptomatik aufwies. Wie kam es zu dieser erneuten schweren depressiven Entwicklung? Er war am Arbeitsplatz bald überfordert, weil er eine Arbeit machen mußte, für die er nicht ausgebildet war. Dies kam erst nach der Einführungszeit zum Ausdruck. Nicht nur das fachliche Können fehlte ihm ein stückweit und machte die Arbeit daher mühsam, spannungsgeladen, zur Pflicht, statt zur Freude. Dazu kam, daß er im Gegensatz zu früher, wo er im Verkauf tätig war, alleine mit seinen Geräten zu arbeiten hatte. Ferner begann ihn die schwierige Arbeit auch übers Wochenende zu beschäftigen. Dadurch unternahm er weniger. D.h. er lebte erneut weniger intensiv seine Ganzheitlichkeit im sozialen, körperlichen, räumlichen und psychischen Bereich, neigte so wieder vermehrt dem "je weniger desto weniger Energieprinzip" zu. So war er wieder prädisponiert, alte Problematiken zu reaktivieren (Selbstwertproblematik, Wertmaß der Eltern hinsichtlich Arbeit). Aus all dem

* die eine Prädisposition für Störungen darstellten

ergab sich dann ein sekundärer Teufelskreis zwischen Arbeitsleistung, Selbstentwertung, Depression und weiterer Verminderung der Arbeitsfähigkeit.

Zum Therapieverlauf von Herrn G.

Zuallererst versuchte ich ihm eine Anfangserleichterung zu geben, indem ich seine depressiven Stimmungen durch Durchsetzungsübungen (lautes Ja-Sprechen, wenn ich nein sagte und umgekehrt, lautes Nein oder Doch in Rückenlage mit gestrecktem Arm oder Bein auf eine Matratze klopfen). Dann habe ich versucht, mit Herrn G. diejenige Dimension ausfindig zu machen, deren Veränderung die meisten und raschesten Auswirkungen auf sämtliche anderen Dimensionen haben konnte. Wir entschlossen uns, daß dies in diesem Fall die soziale Dimension sei. Wenn es gelingen würde, daß er am Arbeitsplatz nicht mehr das Gefühl von Überforderung und "ich kann es nicht" erleben würde, sondern im Gegenteil etwas zu können, würde sich rasch vieles bessern: sein Selbstwertgefühl, seine Verunsicherung im sozialen Bereich, wegen der gegebenen Skripts der Eltern "Du mußt im sozialen Bereich durch gute Leistung hervortreten".

Als längerfristige Strategie sah ich die Notwendigkeit, die von den Eltern übernommenen Leitlinien ("gute Stelle", "Du mußt beruflich jemand werden") auf die Gültigkeit für den Patienten hin durchzusehen. Dies konnte erst das mittelfristige Ziel sein, da er bisher nicht den Mut aufbrachte, elterliche Vorgaben kritisch anzusehen. Irgendwo fehlte ihm auch der Mut, sich von elterlichen Meinungen, bzw. den Eltern ganz zu lösen. Diese Problematik wurde in die Therapie einbezogen. Die Anstrengungen liefen also darauf hinaus, einen Stellenwechsel zu ermöglichen. Das Problem war nun, daß, nachdem er nach einigem Suchen wirkliche eine neue Stelle (übrigens in der gleichen Firma) gefunden hatte, er Angst vor dem neu auf ihn Zukommenden erhielt, was zu erwarten war. Es galt dann, diese Durststrecke durchzustehen, im Wissen darum, daß nach der Einarbeitung diese Problematik verschwinden würde. Dies geschah auch. Die Durststrecke war allerdings schwierig: Zum Streß an der alten Stelle kamen nun noch die Ängste betreffend der neuen und zudem noch der hintergründig gespürte Druck zur Eheschließung, was alles in allem zuviel war. Die Patient wurde erneut, wie zu Beginn der Behandlung (im April), suizidal und derart belastend für die Freundin, daß eine wenige Tage dauernde Hospitalisation eine

Möglichkeit zum Überbrücken eines Teils der Durst- bzw. Angststrecke schien. Da ich wußte, daß ein früherer zweitägiger Klinikaufenthalt bei ihm hilfreich war, weil er feststellte "so krank wie diese Menschen hier bin ich doch wieder nicht", stimmte ich einer kurzfristigen, einige Tage dauernden Hospitalisation, die er selber wünschte, zu. Während dieses Aufenthaltes wurde er vielfältig aktiviert durch Bewegungs- und Ergotherapie und erhielt auch Anregungen durch den Kontakt zu den Mitmenschen seiner Abteilung.

Nach Austritt folgte eine Woche Einarbeitung an der neuen Stelle, dann zwei Wochen Ferien und weitere zwei Wochen Einarbeitung. Als dann am Arbeitsplatz die ersten Erfolgserlebnisse kamen, er das Gefühl haben konnte, seine Arbeit zu überblicken, im Griff zu haben, wuchs seine eigene Sicherheit, sein Selbstvertrauen nahm wieder zu, er wurde offener, die Wertmaßstäbe der Eltern kritisch anzusehen. Die Erfolgserlebnisse motivierten ihn, sich wieder mehr Freizeit zu gönnen und auch übers Wochenende wegzufahren. Damit entstand aus der negativen Energieschlaufe "je weniger desto weniger" wieder ein positiver Energieverlauf: "je mehr desto mehr". Melleril* und Saroten*, die vorübergehend bei den aufgetretenen Schwierigkeiten nach dem neuen Stellenbeginn eingesetzt wurden, konnten bald abgesetzt werden.

Die Therapie dauerte insgesamt 15 Sitzungen und erstreckte sich über acht Monate (mit zwei Monaten Pause vor den letzten beiden Sitzungen). Anschließend kam der Patient noch zwei weitere Male zu mir, um seine tiefere Problematik hinsichtlich Eltern und Selbstwert durchzuarbeiten. Die Nachbefragung nach einem Jahr zeigt keine neu aufgetretenen Schwierigkeiten. Ohne ganzheitliche Betrachtungsweise wäre möglicherweise zu Beginn ein anderer, z.B. ausschließlich tiefenpsychologischer oder verhaltenspsychologischer Ansatz für die Therapie gewählt worden. Die Therapie hätte dadurch viel länger dauern oder erfolglos bleiben können, weil die ständige Entwertung vom Arbeitsplatz her es verunmöglicht hätte, einen positiven Energiekreislauf zwischen den verschiedenen Dimensionen in Schwung zu bringen. Die Selbstwertproblematik des ohnehin narzißtisch gestörten Patienten wäre dadurch erneut verstärkt worden.

Die ganzheitlich ausgerichtete Körperzentrierte Psychotherapie IKP schließt die tiefenpsychologische oder verhaltenspsychologische

* kleinere Dosen eines Neuroleptikums und eines Antidepressivums

Methodik nicht aus, aber verweist sie im Rahmen der Ganzheitdiagnostik auf ihren richtigen Platz.

Zusammenfassung des Therapieverlaufs:

I. Im psychotherapeutischen Gespräch wurde die Dimension ausfindig gemacht, die bei entstandener Ganzheitsymptomatik am meisten zur Energieumkehr "je mehr desto mehr Prinzip" führen konnte, falls sie verändert wurde. Ich nenne dies das Suchen des energetischen "Turning Points".

II. Es folgt eine weitere psychotherapeutische Phase zwecks Anfangserleichterung und Vorbereitung einer Veränderung, beginnend mit dem, was ist, wie es ist. Das Neue wurde bereits in der Vorstellung eingeübt.

III. Nach intradimensionalem Shiften (Stellenwechsel in diesem Fall) folgte das weitere psychotherapeutische Durcharbeiten seiner Beziehung zu den Eltern, die aufgrund früherer Skripts ebenfalls zur Symptomatik beigetragen hat. Anschließend wurde auch an der Verbesserung der Art der Beziehung zu sich selber gearbeitet.

So können wir nochmals zusammenfassend über die 3-Phasen-Theorie und das Shiften festhalten: Shiften ist als gesundheitsfördernder und -erhaltender Prozeß wichtig. Es hilft, die Prädisposition zu krankhafter Störung verhindern. Im Heilungsprozeß vermag es vor allem dann hilfreich zu sein, wenn die dritte Phase der Krankheitsentstehung, die Ganzheitssymptomatik, bereits entstanden ist. Die Möglichkeit zum Wechseln innerhalb einer oder zwischen einer und einer anderen Dimension garantiert einen ganzheitlichen therapeutischen Ansatz.

Ein weiteres Beispiel für die 3-Phasen-Theorie der Entstehung psychischer und psychosomatischer Störungen ist das folgende:

Frau B., 23 jährig

Eine junge Frau, die in einem Krankenheim arbeitet, kommt in die Sprechstunde eines Körperzentrierten Psychotherapeuten IKP. Sie berichtet über phobische Ängste, die vor ca. 3 Monaten begonnen hätten. Sie schildert, wie sie Angst hat, alleine das Haus zu verlassen, alleine Auto zu fahren, weil ihr dabei schwindlig werden könnte, sie Herzklopfen, leichte Übelkeit bekäme. Gleichzeitig komme oft ein Gefühl über sie, sie müßte sterben. Es interessiert uns nun zu wissen, inwiefern eine Aktivitäts- oder Energieminderung den Ausbruch der phobischen Reaktion ermöglicht hat. Wir hören, daß die Patientin vor gut vier Monaten geheiratet hat, was aber keine sonderliche Umstellung bedeutete, da sie schon längere Zeit mit ihrem Freund am selben Ort zusammenlebte. Etwa vierzehn Tage nach dem Fest, starb ihr Vater, bei dem sie bisher alle ein bis zwei Wochen auf Besuch ging. Diese soziale Aktivität fiel also für sie weg. Des weiteren starben um diese Zeit herum mehrere der von ihr gepflegten Patientinnen und Patienten im Krankenheim. Zehn bis vierzehn Tage später traten die ersten phobischen Reaktionen mit den genannten vegetativen Begleiterscheinungen auf.

Es kam also vor dem Ausbruch der Reaktionen durch die verschiedenen Todesfälle zu Trauerreaktionen, die die Patientin aber offenbar nicht voll auslebte. Als sie nämlich in die Sprechstunde kam, sagte sie, es sei nichts Besonderes gewesen, damals im Herbst, als sie die ersten Symptome verspürte. Erst nach längerem Überlegen und sich Zurückversetzen in jene Zeit, fiel ihr ein, daß kurz vorher die genannten Todesfälle stattgefunden hatten. Die teilweise unterdrückten Trauerreaktionen verminderten also offenbar ihre Aktivität und ihr Energieniveau. Da der Tod für die Patientin etwas Endgültiges ist, sie keine Hoffnung auf eine Form des Überlebens hat, mußten sie diese Todesfälle um so mehr hilflos machen. Anschließend konnten Mechanismen wie z.B. Identifikation und Konditionierung greifen (Entstehung der phobischen Reaktion, der Angst, selbst sterben zu müssen).

Nach dieser zweiten Phase des Erkrankungsgeschehens kam auch gleich die dritte Entstehungsphase, diejenige der Umstrukturierung: Sie ging nicht mehr alleine einkaufen, dadurch war sie vermehrt auf die Hilfe des Ehemanns angewiesen, machte nur noch kleinere Autofahrten alleine, fuhr daher auch nicht mehr selber ins Krankenheim morgens, sondern ließ sich entweder hinfahren oder fuhr mit dem Bus. Durch die zunehmende Passivität und Unselbständigkeit in ihrer sozialen Dimension verlor sie immer mehr an Selbstwertgefühl (psychische Dimension). Dies wiederum ließ sie in ihrer Arbeit rascher ermüden (körperliche Dimension). Da sich die Patientin dann kaum mehr arbeitsfähig fühlte, suchte sie schließlich beim Psychotherapeuten Hilfe.

Bei den genannten Beispielen des 38jährigen Herrn G. und der 23jährigen Frau B. handelt es sich um Patienten und Patientinnen, die drei bis sechs Monate nach Krankheitsbeginn in unsere Behandlung kamen. Bei diesen Beispielen ist häufig noch knapp zu erfassen, wie der Krankheitsprozeß begonnen hat. Je früher jemand in Behandlung kommt, desto deutlicher können die ersten beiden Entstehungsphasen, die der Prädisposition und der krankhaften Reaktion rekonstruiert werden. Die dritte Phase, die der Umstrukturierung, bzw. die der Verankerung in der Ganzheit des betreffenden Menschen ist dann noch nicht oder nicht sehr stark erfolgt. Eine Heilung kann daher auch viel schneller erfolgen. Je länger die Entstehung zurückliegt, wenn also Jahre seit Beginn verflossen sind, sind die ersten beiden Phasen oft schwierig zu rekonstruieren und treten in ihrer Bedeutung dann meist gegenüber der dritten Phase, derjenigen der Verankerung, zurück.

Anhand des folgenden Beispieles kann gezeigt werden, wie erschreckend intensiv die Auswirkungen in dieser dritten Phase auf den gesamten Menschen sein können.

Weiteres zum Erkrankungsprozeß

Eine 19jährige Patientin, Fräulein A., kommt mit der Symptomatik, plötzlich irgendwo erbrechen zu müssen, in meine Sprechstunde. In die erste kommt sie in Begleitung ihrer Mutter. Die Symptomatik besteht schon lange, mit 13 Jahren wurde die Patientin auch erstmals im Kinderspital untersucht. Danach seien einige Sitzungen Familientherapie gemacht worden, die aber wenig gebracht hätten. Welche Auswirkungen hatten nun diese Krankheitsreaktionen auf die Gesamtheit von Fräulein A.? Mit andern Worten, was geschah in der dritten Entstehungsphase, der Verankerung? Die beklagten Symptome sind zunächst recht körpernah und können daher am vordergründigsten der körperlichen Dimension zugeordnet werden. Innerhalb der körperlichen Dimension bewirkten und bewirken sie eine Verspannung des Zwerchfells (Diaphragma), Zusammenziehen und Verspannen der Magengegend, oberflächliche Atembewegungen im Magen- und Bauchbereich, so daß noch vorwiegend im oberen Brustbereich geatmet wird.

Die primären Auswirkungen aus dem körperlichen Bereich

a) auf die psychisch-geistige Dimension:
   Die obengenannten beiden Symptome von Übelkeit und Angst vor Erbrechen haben zur Folge, daß die Patientin unangenehme Gefühle hat, über sich selbst den Eindruck erhält "ich bin arm", "bei mir stimmt etwas nicht", sie wird in die Rolle des armen Opfers gedrängt. Ihr Selbstwertgefühl wird dadurch geschmälert, in ihr

festigt sich auch der Gedanke, sich schämen zu müssen, wenn sie erbrechen würde.

b) auf den sozialen Bereich:
   Die Symptome lassen die Patientin bei der Mutter Hilfe suchen. Damit schränkt sie sich auch im Kontaktnetz nach außen mehr ein, da sie fürchtet, vor fremden Menschen plötzlich erbrechen zu müssen.

c) hinsichtlich der Dimension des Raumes:
   Im Zusammenhang mit dem sozialen Verhalten schränkt sie auch die Möglichkeiten, verschiedene Räume zu erkunden ein, hält sich vorwiegend in der Nähe von Badezimmer und WC auf.

d) hinsichtlich der Dimension der Zeit:
   Das Hier und Jetzt wird oft getrübt von den Schmerzen der Symptomatik, gefüllt von den Zukunftsängsten, möglicherweise bald erbrechen zu müssen.

e) auf die transzendent-spirituelle Dimension (Wesensebene):
   Die Patientin wirkt resigniert, sie bringt zum Ausdruck, daß so zu leben für sie ein "sinnloses Leben" bedeute.

Diese auch in Abb. 29 beschriebenen primären Auswirkungen aus dem körperlichen Bereich auf die übrigen Dimensionen bleiben nicht statisch so bestehen. Jede Auswirkung in den genannten Dimensionen hat ihrerseits wieder Auswirkungen auf alle Seinsdimensionen. Weil dies so ist, entsteht schließlich ein negativer Kreis, ein verwobener Teufelskreis, der die Heilung schwierig macht. Die genannten Streueffekte der Ursprungssymptome in den verschiedenen Seinsdimensionen haben dann noch weitere sekundäre Auswirkungen bzw. Streueffekte (vgl. Abb. 29 und die folgende Zusammenstellung).

Sekundäre Auswirkungen aus den verschiedenen Dimensionen

Aus dem psychischen Bereich:

a) auf den sozialen Bereich:
   Das Gefühl des erniedrigten Selbstwertes führt zu Rückzugstendenzen, zur Opferhaltung: zu klagen und fordern. Die Unsicherheit über sich selbst führt im Sozialen dann auch zu plötzlichen Absagen, Kontaktunterbrechungen,die Beziehungen erschweren.

b) in die räumliche Dimension:
   Die eher gedrückte Stimmung der Haltung: ich bin krank, ein armes Opfer, läßt die Lust, in die Weite zu ziehen, den Raum zu erforschen, schwinden.

c) in die körperliche Dimension:
   Durch den gesunkenen Selbstwert und die dadurch gedämpfte, gelegentlich depressive Verstimmung wird die Atembewegung noch mehr reduziert, die Körperhaltung schlaffer.
d) in die Dimension der Zeit:
   Fällt als Auswirkung aus dem Psychischen her auf, daß für verschiedene Arbeiten vermehrt Zeit gebraucht wird, da die Stimmung eher gedrückt ist. Dies führt zum Gefühl, zu wenig Zeit zu haben, was das Leben schwierig macht.
e) in den Bereich der Wesensdimension:
   Die Patientin hat wenig Schwung, wenig Ausstrahlung.

Ich verzichte hier auf die weitere Darstellung von sekundären Auswirkungen aus den Dimensionen der Zeit, des Sozialen, des Raumes und der Wesensebene, die es selbstverständlich genauso gibt.

Ein vom Patienten beklagtes Symptom, das schon seit einiger Zeit besteht, ist also nie alleine zu betrachten, sondern als etwas, das eben durch seine Auswirkungen bereits eine Fixierung, eine Einengung im Verhalten, ausgelöst hat.

Heilung kann daher auch nur geschehen, indem alle Seinsdimensionen mit dem Patienten zusammen durchgearbeitet, bzw. erkenntnis-, erlebnismäßig und körperlich durchlaufen werden!

Weil psychische und psychosomatische Störungen derart vielfältig, komplex und ganzheitlich sind, habe ich es in meinem Buch Körperzentrierte Psychotherapie (1987) überspitzt ausgedrückt: "Das Symptom ist für die Therapeutin meist eine Falle. Dann nämlich, wenn sie sich ebenfalls auf dieses zu fixieren beginnt, und nicht nach einer Anfangserleichterung (hinsichtlich Symptom) das Geschehen im ganzen Menschen erkennt und behandelt."

Für die oben beschriebene Komplexität von Energieniveau, menschlicher Reaktion mittels Symptom, Folgen desselben in den verschiedenen Dimensionen und sekundäre Auswirkungen dieser Folgen in den verschiedenen Dimensionen, für all dies offen sein - im Rahmen einer intersubjektiven Beziehung - das heißt ganzheitlich wahrnehmen, ganzheitlich denken, ganzheitlich therapieren.

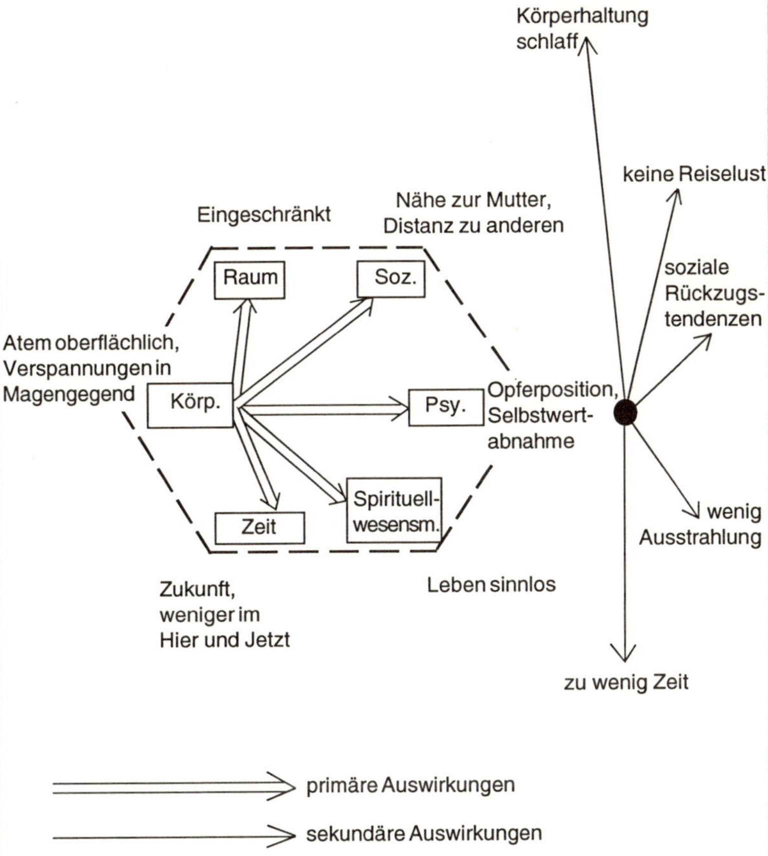

Abb. 29: Primäre und sekundäre Auswirkungen z.B. einer körperlichen Problematik (bzw. funktionellen Störung)in den verschiedenen Seinsdimensionen am Beispiel der Geschichte von Fräulein A. dargestellt. Nähere Beschreibung der primären und sekundären Auswirkungen vergleiche die vorherigen Seiten.

Kapitel 7

Ganzheitliches therapeutisches Vorgehen bei psychischen und psychosomatischen Störungen

Grundlegendes

In meinem 1987 erschienen Buch über "Körperzentrierte Psychotherapie" habe ich bereits dargelegt, wie die Art und Weise des Beziehungsverhaltens zwischen Therapeutin und Patient die Grundlage jeglichen beraterischen oder therapeutischen Handelns ist. In diesem Buch gehe ich auf das Beziehungsverhalten vom Aspekt der Gesprächsführung her erneut ein (Kap. 9).

Die Wahrnehmungsprozesse der Therapeutin, ihr Umgang mit verdrängten Gefühlen wie Depression, Aggression, Angst, Kränkung/psychischem Schmerz möchte ich hier nicht erneut in aller Breite besprechen. Dennoch möchte ich zur Erinnerung des Gefühlslebens des Klienten nochmals die entsprechende Abbildung aus dem eben erwähnten Buch folgen lassen (Abb. 30).

Auch über den Umgang mit dem Widerstand der Klientin wurde Grundlegendes gesagt. Hierzu möchte ich noch ergänzen, daß der Widerstand meist um so mehr wächst, je mehr der Patient von seiner Ganzheitlichkeit verloren und sich in einem Teilbereich seiner Existenz fixiert hat. Es ist daher unsinnig, wenn der Therapeut den Menschen durch sprechen oder erleben am Ort, wo er fixiert ist, z.B. im psychischen Bereich, längerfristig noch mehr fixiert. Dies ist genauso unsinnig wie Patienten, die Beschwerden haben und im Körperlichen fixiert sind, durch immer neue Operationen in diesem Seinsbereich zu fixieren. Das ist ein viel zu enges therapeutisches Denken, das leider unkritisch übernommen wurde und noch heute weitergegeben wird.

Auch zum zeitlichen Therapieverlauf und zum therapeutischen Arbeiten in der Regression wurde schon einiges gesagt, das ich hier nicht wiederholen möchte (vgl. auch Abb. 17 und die 6 Hauptphasen des Therapieverlaufs in Maurer, 1987).

Das Genannte möchte ich hier durch mehr strategische Überlegungen und Beispiele ergänzen.

Probleme entstehen in der Therapie, wenn wir bedürfniszentriert arbeiten möchten, aber die Klienten (noch) nicht spüren oder wissen, welche Bedürfnisse sie haben. Dann empfiehlt sich das Shiften, um die Klienten aus einer Fixiertheit (Bindung an die Eltern, etc.) zu lösen und/oder mehr Energie zu spüren, um eigene, echte Bedürfnisse besser spüren zu lernen.

Gerade weil ein Symptom nicht nur aus einer Konditionierung oder einer Verdrängung eines unbewußten Skripts etc. besteht, kann eine Bewußtmachung der Verdrängung, eine Dekonditionierung in der täglichen Praxis längst nicht immer einen bleibenden Erfolg zeigen. Das, was früher Symptom genannt wurde, ist nur die Spitze des Eisbergs. Es ist eingebettet in energetische Prozesse, die sich meist vor der Entstehung vermindert haben und es ist auch Auslöser für verschiedene Folgeprozesse, die den ganzen Menschen betreffen. Dies alles soll an einem Therapiebeispiel eines Patienten mit chronischen Kopfschmerzen dargestellt werden.

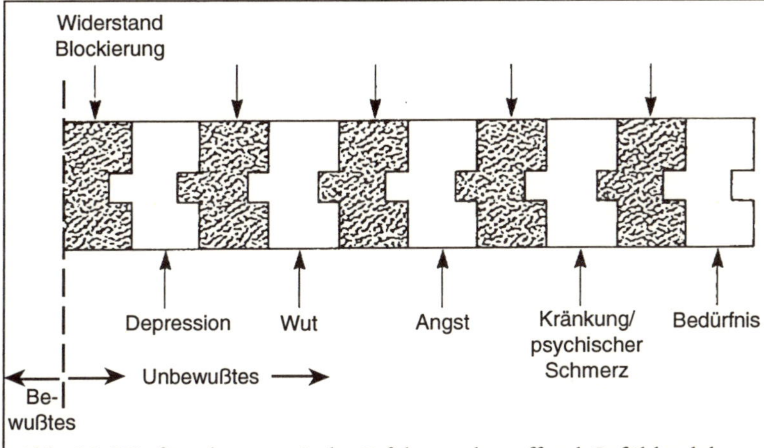

Abb. 30: Häufige therapeutische Erfahrung betreffend Gefühlserleben beim Klienten. Die therapeutische Erfahrung zeigt, daß sich hinter der bewußten Störung (z.B. funktionelle oder auch psychosomatische Beschwerden, Schmerzen, Konflikte) verschiedene Gefühlserlebnisse unbewußt kumulieren können und schichtweise durchgearbeitet werden müssen. Es kann vorkommen, daß ein "apathischer" Patient zu seiner Depression vordringen kann. Während dieser Arbeit zeigt sich häufig, daß unter der Depression Wut verborgen ist, darunter Angst etc. Freilich verläuft der beschriebene Prozeß nicht immer so.

Das frühzeitige Eingehen auf den Bedürfnisaspekt kann in mancherlei Hinsicht von Vorteil sein (aus: Maurer, 1987, Abb. 22).

Chronische Kopfschmerzen als Beispiel

Ein 27jähriger Klavierbauer und -stimmer wurde nach zwölfjährigem fast täglichem psychosomatischen Leiden (vorwiegend Kopfschmerzen) nach acht Sitzungen Körperzentrierter Psychotherapie IKP deutlich schmerzfreier und verlor seine Beschwerden nach ca. viermonatiger Behandlung (21 Stunden). Vorausgegangen waren verschiedenste Therapieversuche bei Hausärzten, auch Akupunktur, Fußreflexzonenmassage, zuletzt eine fast zweijährige analytisch orientierte Gesprächstherapie, die bereits eine Milderung brachte, d.h. die Kopfschmerzen tauchten nicht mehr täglich, sondern nur noch zwei bis drei Mal pro Woche auf. Da das aber noch immer nicht befriedigend war, wurde der Patient durch den behandelnden Psychotherapeuten dann zu mir überwiesen.

Die mehrmals, zuletzt fünf Jahre nach meiner Behandlung mittels Körperzentrierter Psychotherapie IKP erfolgte Rückfrage zeigte weiterhin Schmerzfreiheit. Es kamen auch keine neuen Symptome dazu.

Wenn der Therapieverlauf analysiert und schematisch vereinfacht dargestellt wird und man vom Beziehungsgeschehen, das am Heilungserfolg sicher ebenfalls beteiligt war, absieht, zeigen sich die folgenden Stufen im therapeutischen Prozeß. Während dieses Prozesses wurde immer wieder mit dem Patienten innerhalb einer Dimension oder zwischen verschiedenen Dimensionen geshiftet.

Krankheitsentstehung

Bevor nun der Therapieprozeß folgt, soll aber noch beschrieben werden, wie die Krankheitsentstehung von Herrn S. gemäß der oben beschriebenen 3-Phasentheorie der Körperzentrierten Psychotherapie IKP zu verstehen ist. Bereits als sieben- bis achtjähriger Knabe litt der Patient häufig unter Bauchschmerzen. Ab dem zwölften Lebensjahr begann er unter zunehmend häufiger werdenden Kopfschmerzen zu leiden. Gemäß der 3-Phasen-Theorie ist das Symptom nur die Spitze des Eisbergs (Phase 2), die wir rasch erkennen und als Symptom beschreiben. Auch vom subjektiven Erleben des Patienten her ist ein Symptom nur vordergründig, da es schmerzauslösend ist.

Phase eins (Energieverminderung) und zwei (Symptombildung) (vgl. Abb. 28) lassen sich, da sie sehr weit zurückliegen, nicht mehr genau rekonstruieren. Immerhin wurde bekannt, daß auch die Mutter des Patienten unter häufigen Kopfschmerzen litt, was dem Patienten als Identifikationsmöglichkeit dienen konnte. Dies heißt wohl auch, daß die Mutter es nicht verstand, Konflikte offen auszutragen, sondern es nötig hatte, diese zu somatisieren, d. h. in ein körperliches Symptom umzuwandeln (vgl. Retroflektion, Perls, 1981 und Polster, 1975). Im therapeutischen Gespräch und der regressiven Arbeit wurde auch deutlich, daß das häusliche Milieu dem Patienten oft zu Wut Anlaß gab, die er nicht ausdrücken konnte. Besonders, wenn sein Vater wieder einmal betrunken nach Hause kam. Ein weiteres Lernverhalten war, daß der Bruder "schweigend" besser durchkam. Aus den Darstellungen ging auch hervor, daß eine sehr enge Beziehung zwischen Mutter und Sohn bestanden haben muß und noch besteht. In der zweiten Phase mögen also z.B. retroflexive und identifikatorische Mechanismen im Vordergrund gestanden haben.

Besser zu beurteilen ist die dritte Entstehungsphase (Abb. 28) der heutigen Störungen, die reaktive Umstrukturierung.

Beschreibung der Dimensionen

Die chronischen Kopfbeschwerden haben dazu geführt, daß der Patient im körperlichen Bereich, um sich zu schonen, praktisch nichts mehr tut (währenddem er früher noch Sport trieb und Karate machte). Die Beschwerden führten auch dazu, daß er den Ratschlag des Vaters ernst nahm, als Maßnahme gegen die beständigen Kopfschmerzen "den Kopf still zu halten". Dies führte natürlich zu vermehrter Verspannung der Hals- und Nackenmuskulatur. Dieses Skript des Vaters wurde während einer regressiven Therapiearbeit bewußt.

In der psychischen Dimension fiel ein häufiges Grübeln auf, vor allem vor dem Einschafen, was gelegentlich auch Einschlafstörungen verursachte. Es versteht sich, daß je mehr sich der Patient wegen mangelnder körperlicher Aktivität und unangenehmen körperlichen Sensationen aus dem Körper herausnahm, desto mehr wurde er kopflastig wurde. Sein Grübeln war kein allgemein depressives Zeichen, sondern betraf meist die Beziehung zur Freundin. In der Therapie wurde deutlich, daß er den Wunsch hatte, nicht nur sich selber, sondern auch die Freundin zu kontrollieren, unter Kontrolle zu haben. Dies verursachte rasch starke Eifersuchtsprobleme, um die dann seine Gedanken kreisten.

Im sozialen Bereich kam es mit der Freundin öfters zu Auseinandersetzungen, weil er dazu neigte, sich während der Kopfschmerzen zurückzuziehen, so daß sie sich auch beklagte, er könne seine Gefühle zu wenig zeigen. Dies wiederum fachte seine Eifersucht erneut an.

Im beruflichen Bereich wirkten sich die Beschwerden so aus, daß Herr S. begann, sich während der Arbeit zu stressen. Da er wegen seiner Beschwerden des öfteren am Arbeitsplatz ausgefallen war, streßte er sich dann, wenn es ihm gutging um so mehr und trug so selbst zu den nächsten Beschwerden bei.

Die hier skizzierte Umstrukturierung in der dritten Phase war für den Patienten, als er zu mir in die ambulante Therapie kam, bereits seit Jahren zur Gewohnheit geworden! Die Erkrankung von Herrn S. bestand also nicht einfach aus Beschwerden, sondern ganzheitlich betrachtet in verminderter Aktivität im körperlichen und sozialen Bereich sowie in einer Überlastung im psychischen Bereich. Es galt daher nicht nur am ursprünglichen Retroflexions- oder Identifikationsmechanismus zu arbeiten, sondern dem Patienten zu helfen, vermehrt von der psychischen in die körperliche und in die soziale Dimension zu wechseln (zu shiften). Das vollzogen wir auch in der Therapiestunde, was neben dem therapeutischen Effekt auch eine Wirkung im Sinne des Modell-Lernens hatte.

Therapieverlauf gemäß dem 6-Phasenmodell

Ich möchte nun kurz zusammenfassen, wie der therapeutische Prozeß verlief. Ein nach Therapieabschluß rückblickendes Gespräch über den Therapieverlauf mit dem Patienten ist auch auf einem Videoband gespeichert und dokumentiert das Folgende. Auf der Grundlage eines guten Beziehungsaufbaus und psychotherapeutischer Gesprächsführung wurden folgende Phasen der Arbeit mit verschiedenen Dimensionen des Patienten durchlaufen:

Therapiephase 1: Passive Körperarbeit
Der Patient erhält Zuwendung durch Körperinterventionen von Seiten des Therapeuten, die seine Entspannung fördern z.B. atemtherapeutische Griffe in Bauch- oder Rückenlage, passives Bewegen der Extremitäten, des Kopfes oder mehr verbale Hilfe zur Entspannung und zum Gefühl von Geborgenheit und Wohligkeit u.a. durch kurzdauernde Hypnosearbeiten oder inneres Bilderleben.

Beim diesem Patienten wurde die Übung des Haltens des Kopfes in der Rückenlage bereits zu einem Schlüsselerlebnis, da er spürte, wie wenig er seinen Kopf meinen Händen anvertrauen, seinen Kopf abgeben konnte. Er spürte dabei, wie sehr er damit beschäftigt war, Kontrolle zu behalten.

Therapiephase 2: Aktive Körperarbeit
In dieser Phase übernahm der Patient aktiv selbst die Arbeit am eigenen Körper und lernte, seinem eigenen Körper selber Zuwendung zu geben. Er massierte sich täglich mehrmals die Kopfhaut, meist unter der Dusche, und machte verschiedene Übungen, die ihn im Hals- und Augenbereich lockerten. Durch dieses vermehrte körperliche Erleben stärkte er sein Körper-Ichgefühl und damit auch sein Ichgefühl und konnte damit langsam seine narzißtische Lücke auffüllen.

Therapiephase 3: Innere Prozesse
In dieser Stufe des therapeutischen Prozesses wurde der Patient vom äußeren körperlichen Erleben und vom inneren Erspüren und besseren Akzeptieren desselben auch zum inneren Selbsterleben higeführt. Während der Klient in der Phase 2 zum Beispiel lernte, eine lipomartige Erhöhung seiner Kopfhaut als solche erstmals wahrzunehmen und nicht mit dem Kamm darüber hinwegzurauschen und diese Erhöhung als zu sich gehörig anzunehmen, lernte er in der jetzigen Phase einen bewußteren Umgang mit seinem eigenen Inneren und mit seiner unbewußten Seite. Der Umgang mit dem konkreten, sichtbaren Körper wurde also gleichzeitig auch zum Schrittmacher für den Umgang mit dem eigenen, weniger faßbaren Inneren und seiner unbewußten Seite.

Therapiephase 4: Bewußtwerdung unbewußter Vorgänge
Mit der stärkeren Achtsamkeit auf seine Innerlichkeit und mit der Möglichkeit, seinen Gefühlen über den Körper näherzukommen, traten auch tiefenpsychologische Probleme stärker in den Vordergrund. So zum Beispiel die frühere Beziehung zum Vater, zum Bruder und die immer noch enge Beziehung zur Mutter. Diese wurden mittels psychotherapeutischer Gesprächsführung, Rollenspiel, regressivem Erinnern und Aufarbeiten oder über regressive Körperarbeit angegangen.

Dieser Prozeß war in diesem Fall wohl etwas einfacher und kürzer, weil der Patient bereits fast zwei Jahre lang psychoanalytisch orientierte Gespräche geführt hatte. Es zeigte sich dabei aber auch, daß er eine emotionelle Barriere nicht überwinden konnte, die zu überwinden ihm nun durch den Einbezug des Körpers gelang. Er selbst hat formuliert, daß er dies wie als eine andere Ebene erlebt habe. Im Grunde hat der Patient dabei einen Shift zwischen psychisch-geistiger und körperlicher Seinsdimension erlebt und gemacht. Durch die ganzheitliche Bewußtwerdung konnte der Patient nun mehr innere Ruhe finden und wurde dadurch befähigt, Entspannungsübungen mit meditativem Charakter zu machen (vgl. Phase 5).

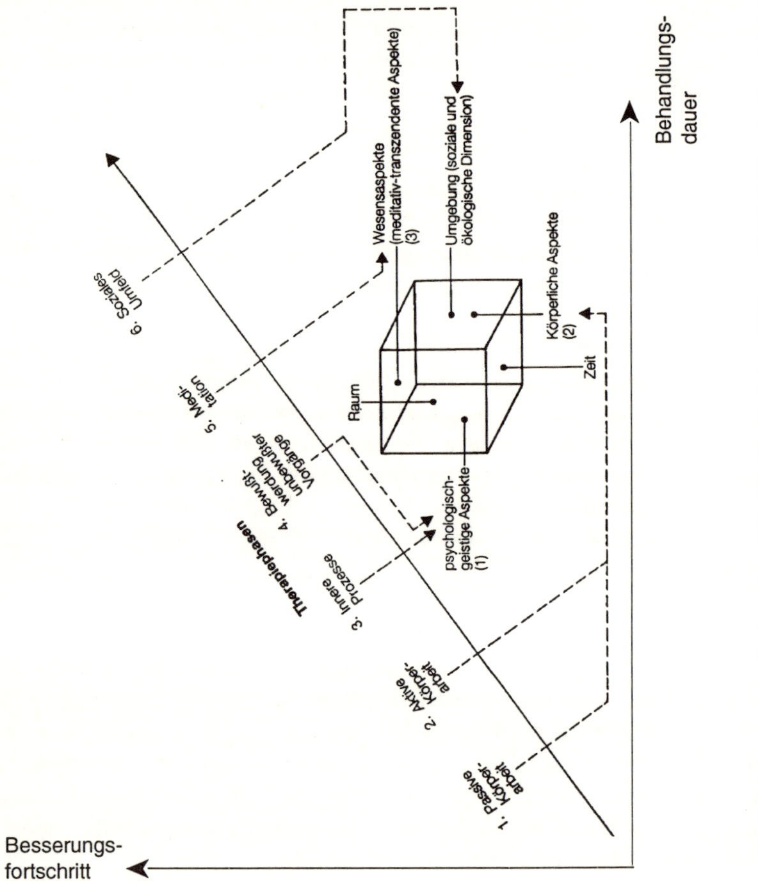

Abb. 31: Graphische Darstellung des Therapieprozesses bei psychosomatischen Erkrankungen gemäß dem 6-Phasenmodell nach Maurer unter gleichzeitiger Verknüpfung mit dem Würfelmodell (vgl. Maurer 1987, bzw. Kap. 3). Aus: TW Neurologie Psychiatrie Schweiz 1, Januar/Februar 1990 (S. 60-63)

Therapiephase 5: Meditation und Transzendenz
Die meditativen Erfahrungsübungen bestanden zunächst in kurzfristigen 5 bis 10minütigen Vipassana-Übungen im Sitzen. Vipassana ist eine dem Za-Zen vergleichbare Meditationsform, die allerdings den Anfänger in Meditation stärker auf den eigenen Körper zentriert, da das Objekt der Konzentration die Bauchbewegungen sind, die durch das Ein- und Ausatmen ausgelöst werden. Diese Übungen der Stille vermochten den Patienten nicht nur im tiefenpsychologischen, sondern auch im spirituell-wesensmäßigen Bereich innerlich zu beruhigen und zu bereichern. Der Patient lernte, seine narzißtische Lücke noch von einer anderen als der nur tiefenpsychologischen oder nur körperlichen Seite her besser aufzufüllen. Er spürte: "Ich bin wichtig; in meinem Innern ist göttlicher Friede, eine Qualität von tieferem Glück.

Therapiephase 6: Zuwendung zum sozialen Umfeld
Durch diese, ihn stärkenden vorangegangenen Prozeßstufen fühlte sich der Klient dann fähig, sein Ich auch im sozialen Bereich stärker zur Geltung zu bringen. Er konnte nun besser zu sich stehen und damit auch sich besser abgrenzen, sowohl in der Beziehung zur Freundin und zur Mutter als auch zu seinem Vorgesetzten am Arbeitsplatz. Durch die bessere Abgrenzung wurde er klarer, aufmerksamer und offener gegenüber der Außenwelt, aber auch flexibler gegenüber deren Anforderungen und gleichzeitig, wo es der Sache diente, durchsetzungs- oder anpassungsfähiger.

Zusammenfassende Bemerkungen:
Aus Abbildung 31 geht hervor wie der Zusammenhang zwischen dem statischen Würfelmodell und dem oben beschriebenen prozeßhaften Behandeln (hier im Sinne eines 6-Phasenmodells) hergestellt werden kann. Wie obiges Beispiel zeigt, hat es sich gelohnt, Schritt für Schritt mit dem Patienten zusammen Arbeit in den verschiedenen Seinsdimensionen zu leisten. Dieses strategische 6-Phasentherapiemodell basiert, wie eingangs gesagt, auf dem Beziehungsverhalten und psychotherapeutischer Gesprächsführung, die in der Körperzentrierten Psychotherapie IKP immer auch die Bedürfnisse des Patienten prozeßhaft berücksigt.

Kapitel 8

Träume in neuer Weise therapeutisch und für das Leben nutzen

"Träume sind Schäume" sagt ein altes Sprichwort. Also: Träume sind keine Wirklichkeit. Träume sind zwar keine materielle Wirklichkeit, aber sie sind eine psychische Wirklichkeit, eine intrapersonelle Realität. So erleben wir, daß Träume oft wirklicher sind, als die Wirklichkeit selbst. Gelegentlich sind sie schöner, aber auch schrecklicher als die Wirklichkeit.

Es gibt Menschen, die viel träumen und solche, die wenig träumen. Was heißt das? Die Forschung hat gezeigt, daß Menschen, die viel träumen, diejenigen sind, die Träume erinnern, sich Träume zurückrufen können. Diese Menschen sind offenbar etwas mehr mit sich selbst in Kontakt, mit sich selbst beschäftigt (introvertiert). Menschen, die ihre Träume wenig erinnern können, sind eher mit der Außenwelt beschäftigt, nach außen orientiert, extravertiert. Sie können nun selber mal prüfen, ob Sie in extravertierten Phasen, wo Ihnen also beispielsweise die berufliche Arbeit sehr wichtig wird, eher weniger Träume erinnern und in Phasen, wo Sie sich nicht gestreßt fühlen und Zeit haben, sich mehr mit sich selber zu beschäftigen, zum Beispiel in den Ferien oder am Wochenende, plötzlich an Träume erinnern können.

In diesem Kapitel möchte ich eine praktische Anleitung zum Umgang mit Träumen geben. Allerdings möchte ich ein paar theoretische Vorbemerkungen machen, über verschiedenste psychologische und psychotherapeutische Richtungen und deren Ansichten über Träume, um besser darzulegen, wie wir in der Körperzentrierten Psychotherapie IKP ausgehend vom anthropologischen Würfelmodell neue Aktzente setzen und neue Möglichkeiten aufzeigen.

Allen bekannt ist der aus der Antike stammende Umgang mit Träumen, bei dem in einem sogenannten Traumbuch nachgelesen werden kann, welche Bedeutung gewisse Symbole haben. Da kommt also beispielsweise im Traum ein Stier vor oder ein schwarzer Vogel, das Meer, etc. und zu all diesen Symbolen hat das Traumbuch eine feststehende Erklärung. So bedeutet der Stier zum Beispiel das Aggressive, Männliche, das Meer das Weibliche oder das Unbewußte, der schwarze Vogel Krankheit oder Tod oder etwa ein beißender Hund Gewissensbisse. Von dieser Art der Traumbearbeitung und des Traumverständnisses möchte ich mich klar distanzieren, da die Auslegung dieser Symbole nie das Ganze des Traumes und des Träumenden berücksichtigt und daher immer eine Behauptung darstellt. Wenn hundert Menschen von einem schwarzen Vogel träumen, bedeutet dies hundertmal etwas anderes. Weil für jeden Menschen anderes im Leben abläuft, jeder Mensch andere Erlebnisse mit Vögeln oder mit dunkeln Vögeln gehabt hat und der schwarze Vogel in jedem Traum anders ist und eine andere Funktion hat.

Umgang mit Träumen bei Freud, Jung und Boss

Jener alten Tradition gemäß hat Sigmund Freud noch im Zusammenhang mit der Meinung, daß Träume unbewußte Triebkomponenten deutlich machten, darauf hingewiesen, daß für ihn längliche und spitze Gegenstände Symbole für das männliche Genitale seien, z.B. "Stöcke, Schirme, Stangen, Bäume, Messer, Dolche, Lanzen, Säbel, Gewehre, Pistolen, Revolver, etc." Ferner schreibt er: "ohne weiteres verständlich ist auch der Ersatz des männlichen Gliedes durch Gegenstände, aus denen Wasser fließt: Wasserhähne, Gießkannen, Springbrunnen, und durch andere Objekte, die einer Verlängerung fähig sind wie Hängelampen, vorschiebbare Bleistifte usw."... "Daß Bleistifte, Federstiele, Nagelfeilen, Hämmer und andere Instrumente unzweifelhafte männliche Sexualsymbole sind, hängt mit einer gleichfalls nicht ferne liegenden Auffassung des Organs zusammen. Die merkwürdige Eigenschaft des Gliedes, sich gegen die Schwerkraft aufrichten zu können, eine Teilerscheinung der Erektion, führt zur Symboldarstellung durch Luftballone, Flugmaschinen und neuesten Datums durch das Zeppelinsche Luftschiff". Freud geht dann noch weiter und erklärt, daß das Fliegen einer Person im Traum ebenfalls die Erektion symbolisierte und nimmt dann gleich selbst den Vorwurf, den man ihm nun machen könnte mit dem Hinweis auf, daß auch Frauen Träume hätten, in denen sie fliegen würden. Und er schreibt dazu: "Machen Sie auch keinen Einwand daraus, daß Frauen dieselben Flugträume haben können. Erinnern Sie sich vielmehr daran, daß unsere Träume Wunscherfüllungen sein wollen und daß der Wunsch, ein Mann zu sein, sich bei der Frau so häufig, bewußt oder unbewußt findet". Analog zum männlichen Genitale wird dann von Freud auch das weibliche Genitale in verschiedensten Elementen des Traumes erkannt, so als Schacht, Grube, Höhle, Gefäß, Schiff, Ofen, Zimmer, Mund, Kirche, Kapelle, etc. etc. Er holt dann noch weiter aus und schreibt: "die Genitalbehaarung beider Geschlechter beschreibt der Traum als Wald und Gebüsch" (Freud, 1982, S. 164/165).

Etwas an diesen Aussagen ist zu bewundern: mit welcher dreisten Frechheit diese Behauptungen an der Uni von Freud gelehrt wurden! Aus diesen Behauptungen hat Freud dann auch die Traumtheorie gebildet, auf die ich hier nur ganz kurz und überblicksweise eingehen will. Das Gesagte schmälert nicht etwa das Verdienst von Freud, immer wieder auf die Mechanismen des Unbewußten hingewiesen zu haben und auch die Träume nicht als Schäume, sondern eben als Auswirkungen des Unbewußten angesehen zu haben. Er ging davon aus, daß es Traumgedanken gibt, die sich nicht als solche dem Träumenden zeigen, sondern im Menschen durch einen unbewußten Prozeß verändert werden (durch Verdichtung, Verschiebung, Rücksicht auf Darstellbarkeit).

Ein Endprodukt entsteht, das wir dann unseren Traum nennen (nach Freud sogenannter manifester Trauminhalt). Der manifeste Trauminhalt interessiert daher Freud nicht so sehr wie der hypothetische, ursprüngliche Traumgedanke. Das Rückführen des manifesten Traumes zu den Traumgedanken nennt er "deuten". Wenn ich also z.B. sage, das Gebüsch hier im Traum bedeutet die Genitalbehaarung, dann habe ich "gedeutet". Um vom manifesten Traum zu den ursprünglichen Traumgedanken zu kommen, ließ Freud die Personen sich Gedanken zum Traum machen und das, was daraus entstand, nannte er den "latenten Trauminhalt".

Freud behauptete auch, dieser latente Trauminhalt entspreche den ursprünglichen Traumgedanken. Deuten heißt für Freud auch den verborgenen Sinn finden (S. 104).

Als Freud 1899 seine Arbeit über den Traum als die "via regia" (der königliche Weg) zum Unbewußten publizierte, wies er besonders auf die Ventilfunktion des Traumes für unterdrückte Wünsche, infantile Erinnerungen und verdrängte Triebe hin.

Die Unterscheidung zwischen manifestem (erinnertem) und dem ursprünglichen, latenten Inhalt, zwischen denen der sogenannte "Zensor" operiert, macht nur Freud. Vom manifesten zum latenten Inhalt zurückkehren könne man dadurch, daß freie Einfälle zu latenten Inhalten gemacht würden (sogenanntes freies Assoziieren des Menschen, der seinen Traum bearbeiten will). Von seiten des

Therapeuten wird ein ähnliches Verhalten mit "deuten" bezeichnet.

C. G. Jung weitete diese Sichtweise Freuds über den Traum aus und wies darauf hin, daß sich Träume in der Zukunft öfters bewahrheiten, das heißt, daß sie Tendenzen zeigten, die im Begriff sind, sich zu verwirklichen (prospektive Tendenzen).

Er betonte auch, daß nicht Gelebtes im Traum kompensiert werden kann. Träume werden als Symbole betrachtet und der "Subjekt"- oder "Objekt-Stufe" zugeordnet. Subjektives im Traum ist, wenn ich sage, dieses Traumelement gehört zum Träumenden selbst, Objektives heißt, es entspricht etwas, das vom Träumenden getrennt ist, nicht ihm zugehörig, aber in Beziehung zu ihm. Jung hat darauf hingewiesen, daß zum Beispiel ein unbekannter Mensch im Traum auch etwas Subjektives sein kann, d. h. ein Teil des Träumenden, obschon im ersten Augenblick dieser Mensch im Traum wie etwas Objektives erscheint. Diesen Gedanken des symbolischen Spiegelbildes des Menschen selbst hat dann auch die Gestaltpsychologie (vgl. Perls, 1976) aufgenommen, über die ich unten noch berichten werde.

In der Daseinsanalyse (M. Boss) stellt der Traum eine andere *Wirklichkeit* dar. Es wird ebenfalls auf der intellektuellen Ebene therapeutisch gearbeitet, aber weder mit Assoziationen oder Deutungen, noch mit Symboldeutungen, sondern mit den Fragen wo, was, wie.

Hier noch soviel zu den bisher genannten Ansätzen des Umgangs mit Träumen. Dieser Umgang bleibt auf die intellektuelle Ebene beschränkt. Es wird über den Traum nachgedacht, dazu allenfalls phantasiert, assoziiert, gesprochen, der Träumende stellt sich Fragen, versucht Verbindungen herzustellen, Zusammenhänge zu seinem Leben zu sehen, zu seiner Lebenssituation, zu Konflikten.

Perls neuer Weg mit Träumen umgehen zu lassen

Fritz Perls (1969) hatte als wichtigstes Konzept zunächst eine Projektionstheorie und -therapie geschrieben. Projektion heißt ganz allgemein, daß eine Gefühlsregung abgespalten wird, eine in mir vorhandene gefühlshafte Regung nicht als zu mir zugehörig wahrgenommen wird, ich das Gefühl habe, daß sie zu einem andern Menschen gehöre. So könnte beispielsweise ein Mann, der zwiespältig ist, sich einer Frau sexuell zu nähern, denjenigen Anteil, der ihn

Theorie	Therapeutischer Umgang als Folgerung der Theorie

Sigmund Freud

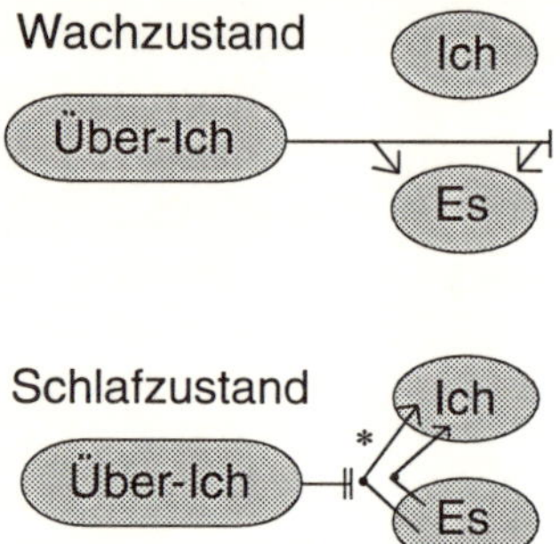

Zur Bedeutung des Traumes gelangen, d.h. zum latenten Trauminhalt. Dies durch Assoziieren (des Patienten) oder Deuten (des Therapeuten), d.h. durch intellektuelle Prozesse.

Da die Theorie Gewicht legt auf verdrängte Triebregungen, sind nach Freud viele Traumobjekte Symbole für Geschlechtlichkeit (Genitalbereich).

C. G. Jung

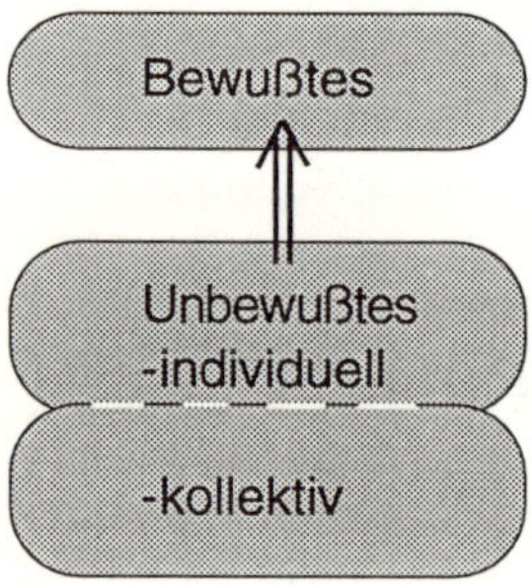

Durch *intellektuelle* Prozesse, d.h. Assoziieren und Ausweiten werden die Traumbilder (Symbole) gedeutet, entweder auf der Subjektstufe (Traumelemente als Fragmente der Träumerin) oder der Objektstufe (Traumelement als Objekt, das in Beziehung zur Träumerin steht).

Aus dem Unbewußten steigen im Traum Konflikte und Probleme ins Bewußtsein. Träume haben einerseits einen kompensatorischen Charakter und zeigen manchmal Lösungsansätze (prospektive Tendenzen).

Theorie	Therapeutischer Umgang als Folgerung der Theorie
Fritz Perls	
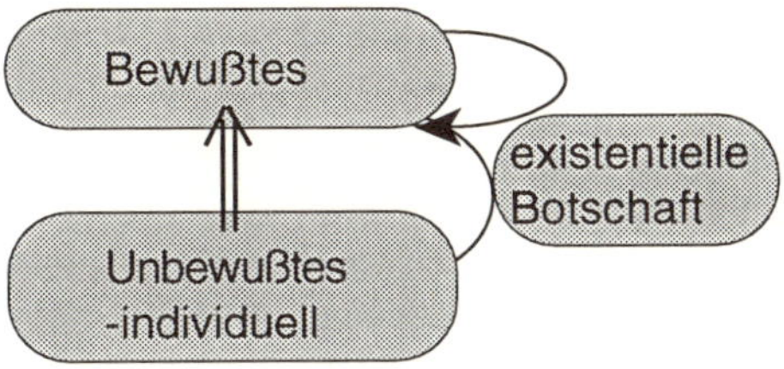 Traumelemente als Projektionen abgespaltener (unbewußt gewordener) Gefühle.	Erzählen und nacherleben lassen des Traumes in der Gegenwart. Den Träumenden sich identifizieren lassen mit einzelnen Teilen und den Traum erneut aus dieser Sicht und diesem Erleben erzählen, darstellen lassen. Dabei Erlebtes nachbesprechen. Den Traum als existentielle Botschaft erleben "es ist meine Existenz... (z.B. zu rufen und nicht beachtet zu werden, etc.)"
Yvonne Maurer	
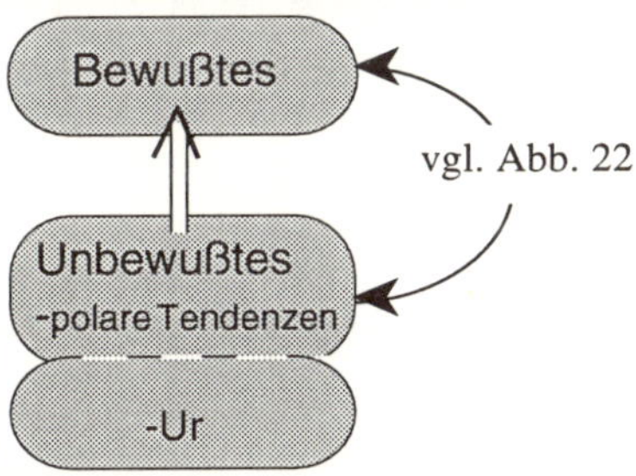 Träume sind Darstellungen abgespaltener, verdrängter Gefühle, spiegeln die aktuell oder früher gelebten Seinsdimensionen, sind Botschaften der persönlichen Lebensweise, die sie in bildlich-szenischen Kurzzusammenfassungen äußerst kreativ synthetisieren können.	Abgespaltene, verdrängte Anteile ins Bewußtsein integrieren mittels erlebnis- und körperzentrierter Methoden. Die daraus erfolgenden Neuorientierungen für den Alltag besprechen und einüben lassen. Bewußtwerden einseitiger, bzw. ganzheitlicher Lebensweise aufgrund der im Traum wahrgenommenen Seinsdimensionen. Traumarbeit mit Horror- bzw. Alpträumen mittels meditativer Traumintegration, die eine Integration polarer, gegensätzlicher unbewußter Anteile fördert.

Abb. 32: Zusammenfassende Darstellung der Traumtheorie und -bearbeitung nach S.Freud, C.G. Jung, F.Perls, Y.Maurer

davon abhält, sich ihr zu nähern, auf die betreffende Frau projizieren und das Gefühl haben, die betreffende wolle keinen sexuellen Kontakt mit ihm. Das wäre eine Projektion dieses Mannes. Oder umgekehrt, die sexuell gehemmte Frau glaubt, ein Mann würde sie unsittlich anschauen und sich ihr unsittlich nähern wollen. D.h. sie projiziert den ihr nicht bewußten Anteil ihrer Lust auf sexuelle Begegnung auf den betreffenden Partner. Perls glaubt nun, daß im Traum derartig abgespaltene Gefühle als Projektionen in Traumelementen in Erscheinung treten. Er versteht also die meisten Traumelemente auf der "Subjektstufe" (vgl. C. G. Jung).

Diese abgespaltenen Gefühlsteile, diese Projektionen können Menschen, Tiere, Gegenstände, etc. sein. Was aber die Traumprojektion ist, kann nicht allgemein gültig - auch nicht durch Symboldeutung - gesagt werden, sondern ist bei jedem Träumenden individuell anders und nur der Träumende kann, indem er sich in den Traum einfühlt und sich mit dem betreffenden Menschen oder Gegenstand identifiziert, gefühlsmäßig erspüren, welchem abgespaltenen Gefühlselement eine Traumprojektion entspricht.

Perls hat neben dieser Projektionstheorie auch noch die Theorie der existentiellen Botschaft des Traumes beschrieben, die besagt, daß es nicht immer nur unbewußte Anteile sind, die uns im Traum entgegentreten, sondern auch bewußte Anteile sein können oder bewußte und unbewußte, kurz, daß gewisse Träume auch eine Zusammenfassung über uns selbst, über unsere Existenz, sein können.

Sich Träume zunutze machen gemäß Körperzentrierter Psychotherapie IKP

Das theoretische Traumkonzept der Körperzentrierten Psychotherapie IKP geht davon aus, daß der Mensch in seiner Ganzheitlichkeit betrachtet ein Wesen ist, das verschiedenen Seinsdimensionen zugehört: Gemäß dem anthropologischen Würfelmodell der körperlichen, der psychisch-geistigen, der sozialen, der wesensmäßig-spirituellen Dimension sowie den Erlebnisbereichen Raum und Zeit. Diese Seinsbereiche werden durch das Bewußtsein des Menschen wahrgenommen, haben aber auch ihre Anteile im Unbewußten.

Was ist unser Unbewußtes?

Das Unbewußte wird von mir als die Fähigkeit verstanden, über die verschiedenen Sinnesorgane (VAKO), Erlebtes zu speichern. In den Gedächtnisspeicher (als Teil des Unterbewußten) fließt somit äußerlich oder innerlich Erlebtes ein. Nicht nur das, sondern auch Phantasiertes und Gedachtes wird offenbar gespeichert und über die verschiedenen Sinneskanäle wieder erinnert.

Von der modernen Neurophysiologie her wissen wir, daß diese Gedächtnisfunktionen aber nicht einer einfachen Karteiablage gleichen, sondern viel komplexer sind. Die Speicherung von Erlebtem, Gedachtem, Imaginiertem, also Vorgestelltem erfolgt nicht im Sinne eines genauen Abbildes, sondern wird unter den Aspekten von Wichtigkeit und emotionaler Bedeutsamkeit für das betreffende Individuum ausgewählt und dadurch bereits etwas verändert gespeichert.

Die Wiedererinnerung ist offenbar dann auch an einen bestimmten Bewußtseinszustand gebunden, an denjenigen nämlich, in dem die betreffenden Inhalte gespeichert wurden (vgl. Koukkou, 1987). Das Unbewußte, das sich also zu einem großen, nicht ausschließlichen (vgl. "Ur") Teil mit unseren komplexen Gedächtnisfunktionen gleichsetzen läßt, speichert nicht nur, sondern bringt die Inhalte auch untereinander im Hinblick auf ihre emotionale Bedeutsamkeit und bestimmte Zielsetzungen in Kontakt.

Das ist ein äußerst kreativer Prozeß. Es ist nicht auszuschließen, daß diese Inhalte auch mit psychischen Strukturen (vorgeburtlich, während der Schwangerschaft entstanden) in Kontakt gebracht werden, also z.B. mit dem Erleben von taktilen, rhythmischen, bewegungsmäßigen Eindrücken, etc. Dies würde die Möglichkeit zu allgemein menschlichen Erlebnisweisen neben den individuellen durchaus offen lassen. Letzteres käme dann in die Nähe der Vorstellung von C. G. Jung über das kollektive Unbewußte.

Die hier beschriebene Vorstellung über das Unbewußte ist also breiter als diejenige von Freud. Sie schließt zwar nicht aus, daß verdrängte Triebe im Unbewußten gespeichert werden, nimmt aber an, daß im Unbewußten alles in den verschiedenen Seinsdimensionen Erlebte, oder eben nicht Gelebte, bloß Gewünschte, Befürchtete oder Verdrängte seinen Niederschlag finden kann. Zudem wird ein kreativer Prozeß angenommen, der die vielen Informationen untereinander in Zusammenhang bringt und in Bildern oder Traumgeschichten meisterhaft zusammengefaßt dem Träumenden wieder zu Bewußtsein bringen kann. Nach der Körperzentrierten Psychotherapie IKP treten je reichhaltiger das bewußte Leben des Menschen hinsichtlich der verschiedenen Seinsdimensionen ist, desto reichhaltiger auch die unbewußten Prozesse und das Potential von Kreativität in Erscheinung. Diese aus dem Unbewußten abrufbare Kreativität ist eine wichtige Ressource für unser Bewußtsein, bringt Erneuerung, Lebendigkeit und dadurch mehr Freude ins Leben. Dies umso mehr, als wir diese Quelle, diese Ressource, benutzen, uns ihr zuwenden. Daher ist die Traumarbeit für jeden Menschen und um so mehr für jeden Klienten wichtig und nützlich.

Zunächst war beim Konzept des anthropologischen Würfelmodells unklar, ob das Unbewußte nur der psychisch-geistigen Dimension vordergründig zuzuordnen sei, oder ob das Unbewußte eine Qualität jeder Seinsdimension des Würfelmodells sei. Für letzteres sprach, daß auch körperliche Wünsche, Bedürfnisse, Phantasien, Tagträume und Erlebnisse verdrängt werden, unbewußt sein können. Aber auch soziale, spirituelle Bedürfnisse, Erlebnisse und auch Wissen und Wünsche aus den Dimensionen von Zeit und Raum können ins Unbewußte sinken. Wenn wir das Unbewußte in Verbindung mit unserem Gedächtnis im weitesten Sinn bringen, ist darin auch verschiedenartig Erlebtes aus den verschiedenen Seinsdimensionen gespeichert.

Für das erstere, also das Unbewußte der psychisch-geistigen Dimension zuzuordnen spricht, daß es sich bei den unbewußten oder gedächtnismäßig kombinatorisch kreativen Prozessen offenbar um vordergründig psychische oder psychophysiologische Prozesse handelt. Und hier kommen wir genau an die Grenze, wo wir zugeben müssen, daß wir wissenschaftlich betrachtet heute und wohl langfristig, wenn nicht immer, im Dunkeln tappen werden: Es bleibt uns verborgen, wie Psychisches und Körperliches, Spirituelles und Soziales letztlich in uns ineinandergreifen.

Daher läßt dies auch das anthropologische Würfelmodell offen und stellt es durch das Symbol des Würfels dennoch dar: Der Mensch ist eine Einheit in seiner Vielheit. Er vermag verschiedene Seinsbereiche zu leben und gleichzeitig bilden diese Seinsdimensionen eine Einheit. Das oben beschriebene Gedächtnis im weitesten Sinn macht dies möglich. Ob wir nun diese bewundernswerten Gedächtnisfunktionen jeder einzelnen Seinsdimension oder speziell der psychisch-geistigen Dimension zuordnen wollen, ist eine Frage der definitionsgemäßen Festlegung bezüglich des anthropologischen

Würfelmodells. Aus didaktischen Gründen scheint es mir besser, diese Gedächtnisfunktionen der psychisch-geistigen Dimension zuzuordnen. Dies soll nicht ausschließen, daß jede Seinsdimension ins Unbewußte reicht, da die verschiedenen Seinsdimensionen ja auch eine Einheit bilden. (Vgl. auch das Kapitel "Polare Tendenzen im Unbewußten...")

Und wie geht die Körperzentrierte Psychotherapie IKP mit Träumen um?

Ich betrachte Träume als ein in Erscheinung treten der oben genannten vielfältigen Gedächtnisfunktionen mit ihren verdrängten, kreativen, bildlichen, symbolhaften, sinnlichen Elementen. Dabei bilden diese oft neue Kurzgeschichten, die wie Zusammenfassungen von Lebenssituationen oder -abschnitten anmuten. Die Zusammenfassung oder Verdichtung geschieht dabei oft unter einer bestimmten emotionalen Bedeutung.

Diese kann z.B. sein: zu wenig Zeit haben, bedroht sein, etc. Träume sind auch ein Abbild der Art und Weise, die verschiedenen Seinsdimensionen zu leben. Sie geben Hinweise darauf, welche Seinsdimensionen vordergründig gelebt werden und welche zu kurz kommen. Dimensionen, die in den Träumen nicht vorhanden sind, werden offenbar zur Zeit zu wenig gelebt.

Es gibt zwei Möglichkeiten, beim Vorkommen von Elementen aus den verschiedenen Dimensionen, da auch eine kompensatorische Wunscherfüllung möglich ist. Der Wunsch etwa nach körperlicher Betätigung bei einem Menschen, der im Beruf viel sitzen muß und auch in seiner Freizeit wenig Zeit für körperliche Betätigung hat, führt z.B. zum Traum, schwimmen zu gehen. Welche Bedeutung also das Vorkommen einer Seinsdimension hat, ob es sich um Gelebtes oder kompensatorisch Geträumtes handelt, muß jeweils vom Träumenden, der seine Gesamtsituation kennt, selbst entschieden werden.

Mit der oben dargestellten ganzheitlichen Auffassung vom Menschen gehe ich insofern über den humanistischen Ansatz der Arbeit mit Träumen hinaus als ich

a) zusätzlich mit den verschiedenen Seinsbereichen arbeite (vgl. Punkt 15-18),
b) für Horrorträume die meditative Traumintegration vorschlage (vgl. S. 130 f.).

Wie also sieht eine Traumarbeit im konkreten aus?
Zunächst wie bei Fritz Perls:

1. Ich lasse mir die Traumgeschichte erzählen, was meist in der Vergangenheit geschieht ("Ich habe von einem Wald geträumt, in dem zwei ganz unterschiedliche Kreuze standen").
2. Dann lasse ich die Geschichte im hier und jetzt erzählen ("Ich bin in einem Wald und sehe zwei unterschiedliche Kreuze").
3. Ich lasse konkreter erzählen, mit allen Sinneskanälen dabei sein (VAKO) ("Ich stehe in einem Wald und sehe vor mir große Tannen und fast so hoch wie diese ein hölzernes, dunkelbraunes, einfaches Kreuz. Es ist alles still, etwa zehn Meter daneben sehe ich....").
   Als Therapeutin achte ich auch darauf, wo der Traum stattfindet und lasse mir ebenfalls genau schildern, wie der Träumende darin vorkommt (liegend, sitzend, stehend. gehend, etc.), welche Personen sonst noch vorkommen oder ob der Träumende allein ist und wie die gefühlsmäßige Stimmung ist.
4. Durch die Bitte, ins hier und jetzt zu kommen und konkreter zu werden, verlangsamt sich die Traumschilderung meist und der gefühlsmäßige Prozeß intensiviert sich. Ist dies nicht der Fall, frage ich nach bis diese Verlangsamung stattfindet.
5. Ich lasse Teile wiederholen, um das Gefühlsmäßige sich verstärken zu lassen oder den Prozeß noch mehr zu verlangsamen.
   Wenn ich Gefühlsmäßiges verstärken, wiederholen, d.h. deutlicher werden lasse, können diese (ursprünglich abgespaltenen) Elemente besser ins Bewußtsein integriert und darin memoriert (erinnert) werden.
6. Ich achte darauf, ob die Schilderung des Traumes konsistent ist mit dem Trauminhalt oder in Diskrepanz dazu steht, wenn also beispielsweise ein trauriger Teil lachend oder ein fröhlicher Teil ernst berichtet wird. Ist dies der Fall, mache ich meist darauf aufmerksam, um den Gefühlsprozeß zu intensivieren.
7. Etwas lauter sprechen lassen kann ebenfalls gefühlsverstärkend wirken.
8. Wenn der Träumende zu stark im Kontakt mit mir und zu wenig mit sich selbst steht, ist es gelegentlich nötig, die Augen schließen zu lassen.
9. Nützlich kann es sein, einen angefangenen Satz vervollständigen zu lassen.
10. Die eine oder andere Szene zu dramatisieren bzw. spielen zu lassen kann den Prozeß verstärken, manchmal ist es aber auch

besser, die Betreffenden mit geschlossenen Augen den Traum durchleben zu lassen oder vom einen ins andere überzugehen.

11. Nach der Bearbeitung des Traums, wie der Träumende ihn geträumt hat, nehme ich ein mir gefühlsmäßig wichtig erscheinendes Traumobjekt heraus, lasse ihn sich damit identifizieren und den ganzen Traum von diesem Standpunkt her erneut gefühlsmäßig durchleben.
12. Das Beachten von Polaritäten und Ansprechen darauf kann wertvoll sein.
13. Perls meinte jedenfalls "nicht deuten, sonst bist Du verloren". Er meinte, sonst kommst Du vom Gefühlsprozeß als Therapeut auf die Kopfebene.
14. Nützlich kann es auch sein, beim Traum oder Teilen davon nach der ihn verdichtenden emotionalen Bedeutung zu fragen oder nach der existentiellen Botschaft, wie Perls dies nannte ("Mein Leben ist ein Gang durch den Wald mit Blick auf zwei Kreuze").

Dann weiter im Sinne meiner persönlichen Methode der Traumbearbeitung:

15. Gelegentlich verfängt sich ein Träumender in einer Traumszene und es wird wichtig, ihm zu sagen, geh mal weiter in Deinem Traum.
16. Besonders wenn der Träumende sich im Traum in der "Opfer-Position", also in einer passiven Rolle befindet und ihm etwas angetan wird, kann es wichtig sein, ihm dabei zuhelfen, in eine Täterposition zu gelangen, in der er beispielsweise den Traum verändert und ein tätiges Opfer wird oder die Rolle des Täters handelnd übernimmt. In beiden Rollen soll diese nicht nur verbal, sondern auch nonverbal mittels Spiel und vor allem Körperarbeit geschehen und gefühlt werden.
17. Es kann auch nützlich sein, den Traum vervollständigen zu lassen, gewissermaßen weiterträumen zu lassen, verbal oder nonverbal.
18. Um nicht beim rein Gefühlsmäßigen steckenzubleiben, sondern auch zu klären in wie weit Ganzheitlichkeit gelebt wird, blicken wir auf den Traum zurück, um zu sehen, welche Seinsdimensionen darin vorkommen, bzw. fehlen. Die Bewußtwerdung darüber ist kein rein intellektueller Prozeß, sondern nach der begonnenen Traumarbeit ein emotioneller: Ja, tatsächlich, es ist auffallend, daß ich so alleine bin oder daß ich im Traum von soviel Menschen umgeben, bedrängt werde (soziale Dimension). Das Vorkommen

bzw. Nichtvorhandensein einer bestimmten Seinsdimension über längere Zeit kann auf beide Weisen verstanden werden. Entweder die vielen Menschen zeigen, daß diese Dimension einseitig stark, übermäßig gelebt wird, oder aber sie zeigen einen Wunsch nach stärkerem Eingebundensein in die menschliche Gemeinschaft. Welche Bedeutung stimmt, weiß der Träumende meist selbst sehr gut. Der Träumende selbst also entscheidet, ob es sich beim Inhalt um stark Gelebtes oder um kompensatorisch Gewünschtes, zu kurz gekommenes, handelt.
Das Interessante bei dieser Erkenntnis über das Leben der verschiedenen Seinsdimensionen ist, daß es nicht das Resultat eines intellektuellen Prozesses ist, sondern der Weisheit des Traumes entspricht, der die gefühlsmäßige Bedeutsamkeit auf seine Art darstellt. Es bleibt dann der weiteren Psychotherapie überlassen, die im Sinne des Traumes bewußt gewordene, ganzheitlichere Lebensweise zu fördern.

19. Was meine Traumarbeit außerdem von Fritz Perls' unterscheidet, ist, daß ich den Körper stärker in die Traumarbeit einbeziehe.

Im folgenden Beispiel soll einiges von dem, was ich über meine Art mit Träumen umzugehen gesagt habe, noch deutlicher werden.

Ein 34jähriger Klient erzählt, daß er sehr verwirrt sei, weil er schon öfters in seinem Leben geträumt hat, daß Wasser als Leitungswasser oder als Regenwasser blutfarben sei. Er erzählt, daß er im Traum mit seiner Frau in einem Supermarkt noch kurz vor Ladenschluß im Gedränge einkaufen gehen mußte und daß, als sie zum Auto zurückkehrten, dann Blutregen fiel. Autofahrend sah er, wie auch die Scheibenwischer diesen Blutregen zur Seite spritzten.

Wie Perls lasse ich den Träumer zunächst den Traum in der Gegenwart erzählen, wie wenn der Traum hier und jetzt geschehen würde. Der Träumer erzählt: “Ich fahre im Auto mit meiner Frau zum Supermarkt ...” Ich unterbreche ihn hier bereits und frage ihn: “Was trägst Du für Kleider, wie sieht Dein Auto aus, warum sagst Du “meine Frau”, kannst Du nicht ihren Vornamen sagen, etc.”, d.h. ich versuche seine verschiedenen Sinne, den visuellen, den akustischen, etc. zu aktivieren und fordere ihn auch zur Detailschilderung auf, damit der Traum ihm deutlicher ins Bewußtsein kommt. Bei dieser detaillierten Schilderung hier und jetzt kommt dann auch erstmals heraus, daß er sich sehr gestreßt und nervös fühlt, besonders wenn er noch an der Kasse Schlange stehen muß.

Hier setze ich nun mit dem Körperzentrierten Vorgehen ein und frage ihn, wie er dieses Nervössein, Sichgestreßtfühlen (psychische Dimension) im Körper fühle. Er spürt nach, fühlt eine Spannung in der Brust, vor allem einen Druck auf dem Brustbein. Ich rate ihm, seine Aufmerksamkeit dort zu belassen, den Druck eher noch zu verstärken (Shift aus der psychischen in die körperliche Dimension). Er spürt dann, daß der Druck bis in die Schultern geht und den Rücken hinauf spürbar wird. Es kommt zu einem Aufrichten des Kopfes und zum Kribbeln in den Händen. Um dies zu spüren, lasse ich immer genügend Zeit und frage dann nach, wie ist es jetzt. Dieses Gefühl geht bei ihm dann in eine Art hilflose Ohnmacht über. Gleichzeitig verschwindet das Kribbeln in den Händen. Ein Druck entsteht im Hals. Er beschreibt, wie der Hals trocken wird und plötzlich sich auch die Hände trocken anfühlen.

Diese Wahrnehmungsarbeit hat in die Tiefe eines Verhaltensmusters geführt, das über die Körpergefühle, bzw. Körperassoziationen abrufbar war und jetzt durch diese Bewußtwerdungsarbeit offenkundig wird. Es hätte also hier keinen Sinn gehabt, im Traum weitervoranzugehen, da wir bereits jetzt ein typisches Verhaltens- und Erlebnismuster des Klienten bewußt gemacht haben.

Es geht mir nun darum, daß der Klient gleichzeitig mit dem Abrufen alter Gedächtnisspuren (körperliche Sinneseindrücke) lernt, neue Wege des Verhaltens zu gehen und diese ebenfalls auf der körperlichen Ebene einzuprägen. Das psychotherapeutische Ziel ist entsprechend unserer psychotherapeutischen Theorie, daß der Patient lernt, seine Wut, seinen Frust über die Situation in geeigneter Weise kundzutun und nicht in sich zu stauen, in die Position der Hilflosigkeit und Ohnmacht zu fallen und seine Gefühle (Kribbeln in den Händen) abzublocken.

Dieses Kribbeln in den Händen ist erfahrungsgemäß eine aktivierende Vorstufe zum Handeln mit den Händen, sei es nun, sich beispielsweise einen Weg zur Flucht freizubahnen oder andere wegzustoßen oder sogar zuzustoßen.

Im Augenblick der jetzigen psychotherapeutischen Situation phantasiert der Klient, nach dem Fühlen des Ohnmachtgefühls zu flüchten. Er befürchtet aber, nicht durch die Menge zu kommen. Das ist mir nun Anlaß, ihm zu helfen, dies einzuüben. So nehme ich ein kleineres Matratzenstück und lehne es von vorne seitlich gegen den auf dem Boden sitzenden Klienten, so daß er an seiner rechten Hand Widerstand spüren kann. Prompt stößt der noch immer mit geschlossenen

Augen in seine Traumwelt versunkene jetzt mit der Faust des rechten Armes gegen das Kissen. In der Einzeltherapie hätte ich bald von links, bald von rechts oder dann von vorne Widerstand gegeben. Da sich diese Arbeit in einer Gruppe abspielt, können andere mit einem weiteren Kissen zu Hilfe kommen, so daß sich der Klient regelrecht körperlich wehren muß, um durchzukommen. Ich ermuntere ihn auch, etwas dazu zu sagen, seiner Wut auch einen tonlichen Ausdruck zu geben.

Nach einer gewissen Zeit lassen wir nach und der Klient hat das Gefühl, "jetzt habe ich es geschafft, ich habe mich durchgeboxt". Er befindet sich auf den Knien, die Augen noch immer geschlossen, hebt den Kopf gegen oben, öffnet dann leicht den Mund. Später hören wir, daß er in seiner Vorstellung den nassen Blutregen kühlend auf ihn niederfallen spürte und diesen Regen als ihn kräftigend, nährend empfand. Mit der Zeit fiel ihm ein, daß er sich vorkomme wie betend. Als er dann die Augen öffnete, erklärte er, daß ihm das Kämpfen gutgetan habe. Er habe nie gedacht, daß Kämpfen etwas bringe, daß ihm so etwas möglich sei. Der Regen, der Blutregen, der ihn nach dem Träumen erschreckt hatte, gewann nun eine andere Bedeutung. Er erkannte, daß dies ein Symbol für Lebendigkeit, Wärme, Geborgenheit für ihn war. Gleichzeitig hatte er jetzt den Eindruck, daß er durch Aktivität, durch aktives Sich-zur-Wehr-Setzen zu diesem erlösenden Gefühl kommen konnte.

Meine Erfahrung ist, daß wenn sich Traumelemente wiederholen, diese nach derartigen Arbeiten nicht mehr wiederkehren, da sich im Unbewußten offenbar etwas verändert hat. In der Nachbesprechung wurde noch deutlich, daß der Klient selbst sehr stark gemerkt hat, wie er sich die Gefühle in den Händen zu verbieten beginnt. Deutlich wurde auch noch, daß er betend als unterwerfend verstand und ihn daher dieser Einfall eher erschreckte. Allerdings fand er dann, daß in der ursprünglichen Bedeutung von Gebet, nämlich sich höheren Energien zu öffnen, für ihn stimmte. Der Blutregen wurde somit zum Symbol für die Möglichkeit des Klienten, zu höheren Energien zu gelangen, d.h. die Ressource spiritueller Kraft aus der Wesensebene sich zunutze machen zu können.

Träume wecken unsere Neugier: für uns selbst.

Träume stimulieren unseren Selbstbezug.

Träume beleuchten und kondensieren unsere Wirklichkeit mit unseren eigenen Symbolen.

Veralteter Mythos:
"Die Bedeutung von Träumen kann in Büchern nachgeschlagen werden."

Die neue Methode der meditativen Traumintegration

Im Zusammenhang mit Horrorträumen und der besonderen Bearbeitung derselben mittels meditativer Traumintegration (vgl. Maurer 1987) wurde mir auch deutlich, daß das Unbewußte höchst erstaunlich ausgleichende und heilende Elemente und Potentiale enthält, wenn nur der Zugang zu ihnen gefunden wird.

Darf ich Sie bitten, gleich selbst mitzumachen, um besser zu verstehen, was ich meine?

Erfahrungsübung zur meditativen Traumintegration

Versuchen Sie bitte, sich an Ihren schönsten Traum oder einen Ihrer schönsten Träume zu erinnern. Lassen Sie sich Zeit! Sollten Sie nach längerem entspanntem Suchen keinen solchen finden, fällt Ihnen vielleicht wenigstens ein sehr schöner Teil eines Traumes ein. Diese besonderen, positiven, schönen Träume sind meist farbig und machen einen starken Eindruck auf die Träumenden, bleiben ihnen also oft längere Zeit in Erinnerung. Vielleicht schreiben Sie sich diesen Traum nun auf. Wenn Sie bei Gelegenheit einen Horrortraum haben oder sich an einen Horrortraum der letzten Zeit erinnern, können Sie mit den beiden Traumelementen, dem schönen und dem schrecklichen, arbeiten.

Sie begeben sich zuerst in einen entspannten meditativen Zustand. Dies braucht Zeit, vielleicht 10-30 Minuten. Es ist wichtig, daß Sie dabei ganz zu sich, in sich zurückkehren. Dann versuchen Sie sich völlig auf den positiven Traum zu konzentrieren, in Ihrer Vorstellung, z.B. bei geschlossenen Augen ihn wiederzuerleben, die Situation, von der Sie irgendwie mitbetroffen sind, zu sehen, zu hören, zu riechen, zu spüren. Lassen Sie ihren Körper dann von diesem Gefühl ganz durchdringen. Saugen Sie das schöne Erleben seelisch und körperlich auf. Gehen Sie nun voller Vertrauen in diese unbewußten Anteile von Ihnen in Ihrer Vorstellung über zum Bild des Schrecktraums. Legen Sie das Bild des Horrortraums gewissermaßen wie ein zweites Diapositiv hinter das erste.

Zu bemerken ist, daß bei dieser meditativen Traumintegration keine langen Sequenzen, keine langen Geschichten gewählt werden dürfen, sondern kurze, die erschreckendsten oder schönsten Sequenzen, die aus einem oder wenigen Bildern bestehen.

Versuchen Sie dann, sich gefühlsmäßig nicht ganz vom zweiten Bild absorbieren zu lassen, sondern gefühlsmäßig bei beiden Bildern gleichzeitig anwesend zu sein. Wie bei zwei Diapositiven, die übereinandergeschoben werden, wird sich am zweiten, dem Horrordiapositiv, dann langsam etwas verändern. Lenken Sie Ihr Augenmerk darauf, wie sich das zweite Diapositiv aufgrund der Beeinflussung durch das erste verändert. Lassen Sie sich bei diesem Prozeß Zeit. Vielleicht hilft es Ihnen auch, aus dem Ganzen wieder wegzugehen und sich nur im positiven Bild zu versenken, um dann den Prozeß erneut zu beginnen.

Es ist erstaunlich, wie oft durch diesen Prozeß eine kreative, wohltuende Lösung für die Szene des Schrecktraums möglich wird.

Polare Tendenzen im Unbewußten entdecken und nutzen

Bisher wurde in der Psychologie von der Polarität zwischen Bewußtem und Unbewußtem gesprochen: Ein im wachen Zustand nicht gelebter Anteil tritt im Traum als Wunscherfüllung oder als Bedrohung in Erscheinung. Überraschend für mich war nun, daß sich bei der Entwicklung der Methode der meditativen Traumintegration zeigte, daß in den meisten Menschen für den schrecklich erlebten unbewußten Anteil ein genau passender, positiver, angenehmer, unbewußter Anteil vorhanden ist. Diese "Logik", bzw. dieses Heilpotential des Unbewußten ist erstaunlich! Offensichtlich gibt es die Möglichkeit, polar gegensätzliche unbewußte Anteile zusammenzubringen (zu integrieren) und dadurch heilend zu wirken.

Nachdem Sie Ihre eigene Erfahrung mit meditativer Traumintegration gemacht haben, können Sie dieselbe auch vergleichen mit Erfahrungen, die andere Menschen dabei machen.

In den folgenden weiteren Beispielen der meditativen Traumintegration nach Maurer können Sie auch noch genauer erkennen, wie mit Horrorträumen hilfreich umgegangen werden kann.

Beispiele meditativer Traumintegration

Ein 38jähriger Klient berichtet, in einem seiner schönsten Träume ein wunderbares Gefühl von Wärme empfunden zu haben. Der für ihn negative, beängstigende Traum führt ihn alleine durch eine einsame Großstadt-Straße im frühen Morgennebel, wo er nur seine Schritte hallen hört. Die Straße will nie enden. Als er die beiden Träume gleich zwei Diapositive in seiner Vorstellung übereinanderschiebt, spürt er, wie in der Großstadt-Straße die Sonne plötzlich langsam durch den Nebel kommt und die Straße ein Ende zu nehmen scheint und fühlt sich nach einer gewissen Zeit sogar nicht mehr auf dem Asphalt, sondern auf einer Wiese stehen.

Das Interessante an dieser Integration ist, daß es sich im ersten Traum um menschliche Wärme und Lebendigkeit handelt, im zweiten Traum hallen die einsamen Schritte auf dem Asphalt, auf leblosem Material. Offenbar hat dann die Integration in dem Sinn stattgefunden, daß Wärme zwar nicht im Klienten selber, aber doch um ihn herum entsteht (die Sonne, die langsam durchscheint), und es hat sich der leblose Asphalt in lebendige Natur verwandelt, die Wiese, mit der er nun wenigstens insofern in Kontakt kam, als er auf ihr steht.

Zur meditativen Traumintegration eignen sich Träume vor allem dann, wenn der Träumende selber von der angenehmen oder eben unangenehmen Situation unmittelbar betroffen ist. Also beispielsweise wenn er fliehen will und am Boden wie angewachsen ist, so daß er nicht wegkommt, wenn er bedroht und in die Enge getrieben wird bzw. wenn er selber gute, wärmende etc. Energien verspürt. Träume, bei denen im Traum nur zugeschaut wird, wie etwas entfernt vom Träumenden sich ereignet, sind weniger geeignet für die meditative Traumintegration.

Eine 32jährige Klientin (M.) träumt, sie stehe auf einem Berg und habe eine wunderschöne weite und farblich imposante Panoramasicht. Das wirkt auf sie sehr beruhigend, friedlich, befreiend. Sie steht gewissermaßen über den Dingen. In ihrem unangenehmen Traum fährt sie auf einer belebten Straße in ihrem Auto, es besteht Unfallgefahr, da ihr immer wieder andere Autos den Weg plötzlich versperren. Sie muß sich gewissermaßen durchschlängeln und weiß, daß Unfallgefahr besteht und sieht plötzlich auch, wie die Polizei sie bereits beobachtet. Bei der meditativen Integration der beiden Träume kann sie die ruhige, ausgewogene, angstfreie Stimmung des ersten Traumes auf den zweiten übertragen und sieht sich so ruhig und angstfrei durch die Straßen fahren, an den Hindernissen vorbei, ebenfalls vorbei an der Polizei.

Eine 47jährige Klientin (R.) sieht sich im schönen Traum auf einer Anhöhe und über sich wunderschöne Regenbogenfarben. Sie hat das Gefühl, von starken, guten Energien durchströmt zu werden. In ihrem unangenehmen Angsttraum fährt sie im Auto und jemand anderes fährt ihr von hinten ins Auto. Das ist sehr unangenehm. Bei der Überlappung der beiden Träume spürt sie, wie die Energie des ersten Traums soviel Kraft in ihr auslöst, daß sie den hinteren Wagen von sich abstoßend fernhalten kann, so daß er nicht in sie hineinfahren kann. Diese Kraft hilft ihr, sich gegen ihn wie mit einem Energiepuffer abzugrenzen.

Ein 40jähriger Klient (B.) träumt von Wellen, die eine wunderbare Musik von sich geben. Im unangenehmen Traum erlebt er, wie er über Baumspitzen fliegt und plötzlich auf eine solche hinunterstürzt. Bevor er noch auf der Spitze auftrifft, erwacht er. Als er die beiden wie zwei Diafilme übereinanderbringt, füllt sich der Wald langsam mit Wasser, das immer höher anschwillt, und wie er jetzt so drüber fliegt, erkennt er, daß er beim Sturz von den Wellen sanft aufgefangen und nicht mehr von einer Baumspitze aufgespießt würde.

Dieser Traum hat mehrere symbolische Bedeutungen. Die Bäume, die er im unangenehmen Traum erlebt, sind senkrecht, währenddem die Wellen waagerecht verlaufen. Die Bäume sind ein hartes, die Wellen ein weiches Element. So hat sich in der meditativen Traumintegration dann Senkrechtes und Waagerechtes einerseits und Festes, Spitzes und Waagerechtes, Weiches andererseits integriert. Die Wellen geben dem Klienten auch die Möglichkeit, vom Fliegen sich wieder hinunter auf die Erde zu begeben. Es ist nun sehr nützlich, wenn mit dem Klienten noch erarbeitet wird, was die Wellen für ihn bedeuten. Er wird sich also mit den Wellen des erstgenannten, für ihn positiven, schönen Traums identifizieren und so erspüren und selber erleben, was die Wellen für ihn persönlich bedeuten.

Eine 55jährige Klientin (A.) erzählt, nach ihrem schönsten Traum gefragt, von einer Barockkirche, in der sie ein Solo singt und weiß, daß es sich dabei um eine Lobpreisung des verborgenen Namens Gottes handelt. Sie fühlt sich dabei überaus glücklich. In ihrem

Horrortraum irrt sie in einem alten Gebäude mit Gewölben umher und weiß, daß es sich um eine psychiatrische Klinik handelt, wobei sie selbst das Gefühl hat, vor einem schizophrenen Schub zu stehen. Sie sieht dann eine gräßliche, alte Frau mit einer Spritze drohend auf sie zulaufen und diese verpaßt ihr dann diese ungute (nicht heilsame!) Spritze in ihre rechte Handballe. Das macht derart Angst und schmerzt, daß sie erwacht.

In der meditativen Traumintegration ist diese alte Klinik unter dem Boden der Barockkirche, wo sie selber steht, die alte Frau kommt herauf, hat aber in dieser Atmosphäre keine Macht und legt auch die Spritze weg, um eine Kerze anzuzünden. Auch hier ist eine Integration entstanden zwischen der alten, aggressiven Spritzen-Frau und der singenden, Gott lobenden Solistin in der Barockkirche. Die Spritzen-Frau ist dort stiller, ruhiger geworden, ihre Aktivität ist nicht mehr destruktiv aggressiv, sondern konstruktiv geworden, sie zündet eine Kerze, ein Licht an.

Eine 28jährige Klientin (S.) träumt, mit einem Freund zusammen in harmonischer Stimmung über eine schöne Sommerwiese zu wandern. In ihrem Horrortraum geht sie durch eine kahle Ausstellung, wo immer wieder der Boden vor ihr aufgeht und ihr den Blick frei gibt auf das, wohin sie stürzen könnte, wenn sie nicht geistesgegenwärtig ist, nämlich in lärmend sich bewegende, riesige, rostige, zermalmende Maschinen. Durch die meditative Traumintegration erlebt sie, wie jene allmählich durch Erde aufgefüllt werden, so daß sie ihr tödlich bedrohliches Funktionieren immer mehr einstellen und zum Stillstand kommen. Schließlich sieht sie aus den zugeschütteten, alten Maschinen auch Vögel herausfliegen und wie sie mit einer Wiese überwachsen werden. Auch hier hat sich eine Integration zwischen brutaler Zerstörung (Selbstzerstörung!) und dem Gut-miteinandersein gebildet, indem Wiese entstanden ist, etwas Organisches, Nährboden für Lebendiges.

Auch hier ist nun wichtig, daß sich die Klientin mit der Erde und der Wiese, die sich als hilfreich erwiesen haben, identifiziert und erspüren lernt, was dies für sie persönlich gefühlsmäßig oder auch noch weiter reichend konkret bedeutet.

Schönste und schrecklichste Träume
bilden oft sinnvolle Paare.

Kapitel 9

Heilendes ganzheitliches Gespräch in der Körperzentrierten Psychotherapie IKP

Ist es richtig, von Gesprächsführung zu sprechen?

Nicht jegliches Sprechen des Therapeuten ist führend. Oftmals folgt der Therapeut auch dem Patienten, führt nur indirekt, indem er bestimmte Aspekte des vom Patienten Geäußerten herausgreift, vertieft, prägnant machen hilft, wiederholen läßt. Es wäre daher zutreffender, vom Gesprächsverhalten des Therapeuten zu sprechen. In diesem Sinne verwende ich jedenfalls das in Fachkreisen gängige Wort "Gesprächsführung".

Wirkung durch die Persönlichkeit des Therapeuten

Das Wesentlichste in einer therapeutischen Beziehung ist die Persönlichkeit des Therapeuten. Dazu gehören Kontaktfähigkeit, Menschenbild, Vorstellungen über Gesund- und Kranksein. Der Körperzentrierte Psychotherapeut IKP ist um eine Werthaltung bemüht, die grundsätzlich dem Gedankengut der humanistischen Psychologie und dem Existentialismus positiver Prägung (z.B. Gabriel Marcel, M. Merleau-Ponty und deren moderneren Vertretern, wie H. Bergson, T. de Chardin) nahekommt. Das heißt, der Therapeut bemüht sich, den Menschen, den er vor sich hat, in seinen konkreten Lebensumständen möglichst hautnah zu erfassen, seine Würde als einmalige und sich stets wandelnde und weiter entwickelnde Persönlichkeit zu sehen. Menschsein heißt für ihn unterwegs sein, sich zu seiner Ganzheit entwickeln. Störungen sieht er vor allem als Blockierungen dieser Entwicklung zur Ganzheit. Er schreibt jedem Menschen die Fähigkeit zu, sein Schicksal aktiv in die Hände zu nehmen, zu erkennen, daß er psychische und psychosomatische Störungen weitgehend selbst im Hier und Jetzt und durch die Art, wie er die Seinsdimensionen lebt, beeinflussen bzw. lindern und mitverursachen kann. Jedem Menschen wird also die Fähigkeit zur positiven Lebensbewältigung zugeschrieben, die er bereits in sich trägt.

Alle Möglichkeiten zur besseren Bewußtwerdung und Entfaltung Deiner Seinsdimensionen sind schon in Dir.

Wenn jeder Mensch bei entsprechender Aktivierung die Tendenz hat, sich selbst zu entfalten, sich weiterzuentwickeln hin zur Ganzheit, zur vollintegrierten Person, die imstande ist, ihr Potential zu zeigen und auszuleben, bestehen auch viele psychotherapeutische Möglichkeiten: Überall dort, wo Wachstum blockiert ist, soll der Wachstumsprozeß wieder in Gang kommen.

Die Persönlichkeit des Therapeuten, seine Ausstrahlung (Aura), die auf den Werten der inneren Haltung, seiner Erfahrung und der Arbeit an sich selber (persönliches Training) beruht, hat bereits eine Wirkung auf jeden ihm begegnenden Menschen. Diese Wirkung besteht, bevor der Therapeut irgendeine Wahrnehmung oder Handlung vornimmt. Wie diese Wirkung der Persönlichkeit auf den andern Menschen zustande kommt, können wir heute noch nicht genau erfassen. Meist sprechen wir von Ausstrahlung. Es ist möglich, daß diese Ausstrahlung auf gewisse Schwingungsfrequenzen von Wärme- oder sonstigen Energiewellen, die für uns nicht wahrnehmbar sind, zurückgeht.

Vor dem Sprechen die innere Haltung wahrnehmen, fühlen

Das Beziehungsgeschehen zwischen Therapeut und Patient ist - um dies erneut zu wiederholen - Grundlage jeglichen erfolgreichen Behandelns. Es hat mit der inneren Haltung des Therapeuten zu tun, die sich dem Patienten/Klienten verbal und non-verbal kundtut. Emotionale Wärme kann der Therapeut nicht übertragen, wenn er mit schrillem Ton spricht oder seine Gesichtsmimik starr prüfend wirkt. Es ist daher wichtig, im Rahmen der Weiter- oder Ausbildung durch Anwendung von Video-Aufnahmen Rückmeldungen über die eigene Ausstrahlung zu erhalten und daran zu arbeiten.

Demgegenüber kann auch eine Veränderung in der inneren Haltung eine Auswirkung auf die Ausstrahlung haben. So ist z.B. die Vorstellung, nicht irgendeinen bisher unbekannten Patienten vor sich zu haben, sondern z.B. einen guten Bekannten oder sogar Verwandten hilfreich. Machen wir doch gleich die Probe auf's Exempel:

Sie stellen sich zunächst einen Ihnen unbekannten Patienten vor und spüren, wie sich das so anfühlt. Dann denken Sie, es sei nicht der Patient, sondern eine von Ihnen geschätzte, geliebte Person. Wahrscheinlich fühlen Sie sich dieser Person sehr viel näher und können daher eine wärmere Beziehung zu ihr aufnehmen. Dies erlaubt Ihnen, offener zu sein, besser hinzuhören, mit mehr Interesse notwendige Informationen zu sammeln. Auch die Gefahr der Gesprächsführung wird dadurch verringert, weil das Wahrnehmenwollen und Fühlen vordergründiger geworden ist. Dadurch ist eine bessere gefühlsmäßige Kontaktaufnahme entstanden und menschliches Sichbegegnen wird ermöglicht. Dies ist genau das, was humanistische Psychotherapien so sehr betonen: Heilung entsteht aus Begegnung, nicht einfach aus Sprechen; durch das Gespräch wird Begegnung aber modifiziert im Sinne von mehr Nähe oder Distanz, mehr Emotionalität oder Intellekt.

Therapeutisches Beziehungsverhalten und methodischer Prozeß einer Therapiesitzung

Verschiedene Untersuchungen deuten darauf hin, daß Beziehungsverhalten wichtiger ist als die angewandte Technik. Deshalb legt auch die Körperzentrierte Psychotherapie IKP viel Wert auf die Art und Weise des Kontakts und der Beziehung (vgl. Maurer, 1987). Unter Kontakt verstehen wir die Beziehungsart im Hier und Jetzt, unter Beziehung den Kontaktverlauf über längere Zeit. Die Art und Weise des Kontaktaufnehmens zwischen Therapeut und Klient erfolgt verlangsamt betrachtet über mehrere Stufen, die sich immer wieder repetieren und den Kontaktprozeß in Fluß halten.

Als erstes nimmt der Therapeut am Klienten einiges von dessen Eingebundensein in die verschiedenen Seinsdimensionen wahr.

Als zweites spürt er auf diese Wahrnehmung hin ein Gefühl in sich aufsteigen.

Als drittes denkt er nach und zwar über das therapeutische Beziehungsverhalten, über das Ziel der Behandlung und über die Strategie, z.B. ob die Nähe im Kontaktverhalten jetzt intensiviert oder abgeschwächt werden muß. Er nimmt wahr, ob beim Klienten bereits Widerstand vorhanden ist, ob der Prozeß im Hier und Jetzt verläuft, wie die Integration abgespaltener Teile oder wachstumshemmender Blockierungen abgebaut werden kann, etc.

Als viertes kommt er dann zum Handeln. Dieses Intervenieren kann mehr verbal oder nonverbal oder beides gleichzeitig sein. Therapeutisches Handeln besteht also:

1. in einer sprachlichen Intervention, z.B. mittels der für die Gestalttherapie typischen Fragen "wie machst du das?" oder "was machst du?". Die Frage "warum?" wird von uns weniger gebraucht, da sie häufig zu Rationalisierungen, d.h. zum Nachdenken anregt, statt zum Fühlen. Wenn das augenblickliche Gespräch dazu dient, eine gefühlsmäßige Basis zu schaffen, können es beispielsweise die Sätze sein: "Wenn ich dich richtig verstehe, meinst du daß, ..." oder "Ist es richtig, daß ..." Es kann sich auch um eine mehr in die Regression führende Sprechweise handeln: Z. B.: "Was fühlst du jetzt ...", "Wo spürst du dies im Körper ...", "Was macht das mit dir ...", "Woher kennst du das ..."
2. Handeln kann auch aus Äußerungen bestehen wie: Hm, Aha mimischen und/oder gestischen Antworten oder in Handlungsaufforderungen, z.B.: "Spür mal deine geballte Faust, spür mal, was die am liebsten möchte ...", "Phantasier es ...", "Schrei es heraus ...", "Zeig's mir deutlicher ...".

Betrachten wir nun nicht nur die Therapeutin sondern den psychotherapeutischen Prozeß einer Behandlungssitzung im gesamten, finden wir häufig einen Ablauf in 4 bis 6 Phasen. Es handelt sich dabei um einen oft wiederkehrenden Behandlungskreislauf von:

- Anwärmephase (Initialphase, die in 3 Teilphasen unterteilt werden kann, daher dann 6 statt 4 Phasen):
- Aktionsphase
- Integrationsphase
- Neuorientierung

(vgl. Abb.: 33, sowie Petzold und Maurer, 1987, S. 61-64).

In der ***Anfangsphase (Initialphase)*** ist das Gespräch sehr wichtig und vordergründig. Vor allem zu Beginn eignet sich das Wiederholen oder Zusammenfassen des vom Klienten Gesagten, um von ihm zu hören, ob er sich verstanden fühlt. Dies hilft mit, eine gute Atmosphäre zwischen Therapeutin und Klientin herzustellen.

Zudem wird dem Klienten dabei geholfen, sich für sich selber mehr Zeit zu nehmen und sich dadurch besser zu verstehen.

Beispiel eines Gesprächs in der Anfangsphase: Eine Klientin erklärt zunächst, daß sie in Gruppen öfters unter Unsicherheit leiden, besonders dann, wenn sie neu in eine Gruppe kommt. Nach einigen Sätzen fährt dann die Therapeutin fort:

Therapeutin: Fühlst du dich dann auch angespannt wie bei einem Familienfest?

Klientin: Nein, unsicher.

Therapeutin: Was fällt dir dazu noch ein?

Klientin: Ich habe Mühe, es sprachlich auszudrücken, es ist mehr im Körper ...

Therapeutin: Ist dieses Gefühl jetzt auch da?

Klientin: Ein bißchen.

Therapeutin: Und wie ist es genau?

Klientin: So eine Art Unbehagen.

Da der Therapeutin auffällt, daß die Patientin nie von sich aus spricht, sondern nur antwortet, wenn sie gefragt wird, greift sie dieses Verhalten auf:

Therapeutin: Es fällt mir auf, daß du von dir aus nicht sprichst, sondern meist abwartest, bis du gefragt wirst ...

Klientin: Ich habe Angst, mich zu zeigen ...

Therapeutin: Wie würde sich das anfühlen, wenn du dich zeigen würdest?

Klientin: Es ist eine Art Angst, mich auszuziehen, zu entblößen.

Therapeutin: Und dann?

Klientin: Ich könnte wieder verletzt werden ...

Therapeutin: Das würde weh tun ...

Klientin: Ich muß einfach spüren, daß das, was ich sagen möchte, Platz hat.

Therapeutin: Mmh.

Klientin: Es ist, als ob ich das Gefühl nicht anbringen könnte.

Therapeutin: Du möchtest also gern ein Gefühl anbringen und hast Angst, daß dieses Gefühl nicht auf Verständnis stößt.

Klientin: Ja.

Therapeutin: Deine Unsicherheit in Gruppen hängt also damit zusammen, daß du Bedenken hast, dich dort frei auszudrücken, wie du dich fühlst.

Klientin: Ja.

Therapeutin: Du mußt also ganz sicher sein können, daß du verstanden wirst, wenn du dich öffnest ...

Klientin: Ja.

Therapeutin: Und was brauchst du jetzt hier in dieser Situation von mir, um noch sicherer zu sein?

Durch dieses Gespräch wurde eine erste Schicht des Kernproblems deutlicher: die Klientin hat Mühe zu vertrauen bzw. das zu fordern, was ihr besser vertrauen hilft. Eine weitere noch tiefere Schicht des Kernproblems wird sich möglicherweise erst nach weiteren Sitzungen zeigen. In diesem Fall war es ein Mangel an Selbstvertrauen.

In diesem Gespräch folgte die Therapeutin also den Ausführungen der Klientin einerseits und führte sie andererseits. Besonders bei akuten Zuständen, Problemen, Beschwerden und Krisen wird zunächst Unterstützung gegeben. In späteren Sitzungen wird gelegentlich bei chronischen Zuständen in der Aktionsphase auch konfrontiert: “Sie wollen sich also weiterhin nicht helfen lassen, aber trotzdem immerfort klagen ...”, “Sie klagen über Ihre Rückenbeschwerden und lächeln dabei ...”.

Die Anfangs- oder Initialphase hat grundsätzlich drei Teilphasen:

a) Eine erste dient der Beziehungsaufnahme und der gefühlsmäßigen Beziehungsvertiefung zwischen Therapeut und Patient.
b) In der zweiten Teilphase wird versucht, mit dem Patienten zusammen ein ganzes Bild von ihm selbst und seiner Situation zu gewinnen, d.h. unter Einbezug sämtlicher Seinsdimensionen des anthropologischen Würfelmodells. Unter diesen Aspekten wird dann auch versucht, festzulegen, was das Problem ist.
c) Schließlich wird in einem dritten Teil die erste Zieletappe und vielleicht auch die Methode, diese zu erreichen, besprochen.

In einer ersten Sitzung kommt manchmal nur a) zum Tragen, um dem Patienten eine Anfangserleichterung zu verschaffen. Unter b) entscheidet der Therapeut, was im Vordergrund steht: Ein emotionelles Problem, eine Problematik, die nach mehr Einsicht verlangt oder die Notwendigkeit von mehr Kompetenzerwerb. Je nach dem gestaltet sich dann die Aktionsphase unterschiedlich.

In der ***Aktionsphase*** wird die Arbeit am Kernproblem geleistet, während in der Initialphase dies noch nicht möglich ist.

a) Emotionsarbeit:
   Besseres Bewußtmachen von Gefühlen:
   In der Aktionsphase unterstützt der Therapeut gefühlsmäßige Inhalte fast suggestiv, so daß sie bewußter werden können und äußerliches Funktionieren durch emotionales übertroffen wird: “Sag’s ihr, deutlicher, lauter ...”, “nochmals ...”, “bleib dabei ...”. Ich möchte hier erneut betonen, daß die Aktionsphase nicht einfach eine Wiederholung einer früheren frustrierenden Situation oder eines verletzenden Ereignisses, eines Traumas, werden darf, sondern immer auch korrigierende Handlungen und korrigierendes Erleben enthalten muß (vgl. Maurer, 1987, Kap. 3.11. 1).

Nur so können auch die dem Verhalten zugrundeliegenden Gedächtnisinhalte verändert werden.

Gefühlsüberschwang eindämmen helfen:

Besteht die Problematik umgekehrt in zu stark gewordenen Emotionen (Krisensituationen), darf nicht noch mehr emotionalisiert werden. Dann ist beruhigende Führung angezeigt.

b) Mehr Einsicht gewinnen

Dies geschieht durch Betrachten des Problems von verschiedenen Seiten, Standpunkten, bzw. Seinsdimensionen. Es werden neue Zusammenhänge gefunden und neue Wege gesehen. Diese Arbeit erfolgt durch das Gespräch oder durch Distanzierungstechniken.

Bei letzterer wird der Klient gebeten, sich z.B. als Herr Müller in Distanz zum Ort, wo er sitzt, zu begeben, sich dort nicht mehr als sich selber, sondern als Herr Müller zu fühlen und zu sich zurückzuschauen.

"Was würdest du als Herr Müller dir sagen?" "..."

"Sag's ihm ..."

"Was würdest du dann Herrn Müller antworten?"

c) Mehr Kompetenz erwerben

Wenn das Problem eine Blockierung zwischen der gewonnenen Einsicht und der Handlung ist, die daraus erfolgen sollte, ist handelndes Einüben in der Sitzung am hilfreichsten.

"Sag deinem Mann, den du dir hier sitzend vorstellst, daß du im September nicht in die Berge, sondern dieses Jahr am Meer Ferien machen willst."

"...", "Was könnte er jetzt sagen?"

"...", "Was entgegnest du ihm?"

Selbstverständlich gehen a, b und c oft bereits in der Aktionphase ineinander über.

In der ***Integrationsphase*** hilft das Gespräch, die neuen Erfahrungen der Aktionsphase zu ordnen und auch deren Bedeutung zu verstehen. Das Gespräch fördert den Prozeß, Erfahrenes ins Selbstbild einzubauen, unbewußte und jetzt bewußt gewordene Anteile zu benennen und in ihrer tieferen Bedeutung zu verstehen. Ein Beispiel: ein bestimmtes Weinen wird erkannt als Ausdruck eines untröstlichen kleinen Kindes, das allein gelassen worden ist. Wenn gefühlsmäßige Anteile, die mir bis heute nicht bekannt waren, neu als zu mir zugehörig erkannt werden (alles das bin ich), kann ein erweitertes Selbstbewußtsein entstehen.

Oder es wird erkannt: Das paßt gefühlsmäßig nicht zu mir, es waren also starre Normen, die ich übernommen habe. Zu diesem Integrationsprozeß trägt aber nicht nur das Gespräch bei. Gelegentlich kann ihn auch eine das neu Erfahrene verstärkende, verankernde Berührung durch den Therapeuten (oder in einer Gruppe durch einen Teilnehmer, der schon ähnliches durchgemacht hat) erfolgen. Auch das, was die Therapeutin oder ein Gruppenmitglied gefühlsmäßig während der Aktionsphase erlebt hat, kann verbal ausgedrückt, hilfreich sein.

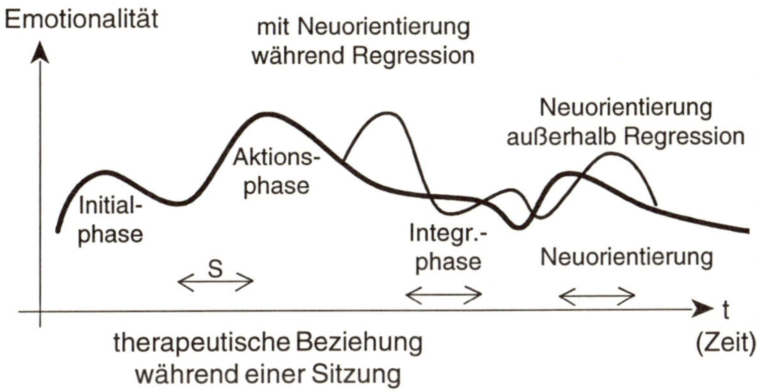

▬ : häufiger Sitzungsphasenverlauf

— : Variante des Sitzungsphasenverlaufs, bei der die stark in die Regression führende Aktionsphase sofort mit der in Regression stattfindenden (auf die Vergangenheit bezogene) Neuorientierung verbunden wird. Dann erst findet die Integrationsphase und eine weitere, mehr auf die Gegenwart oder Zukunft ausgerichtete Neuorientierung statt.

$\overset{S}{\longleftrightarrow}$: mögliches aktives Shiften (vgl. Abb. 14, 22, 23, 24). Sprechen wird als Denken und teilweises Handeln verstanden. Ein Übergang in die ganzheitliche Handlung oder das reine Wahrnehmen, Fühlen ist ein aktives Shiften. Betreffend VAKO gehört Sprechen zu A (akustisch).

Abb. 33: Verbal - nonverbale Shifts bezogen auf die zeitlichen Phasen des Therapiesitzungsverlaufs (vgl. auch S. 135-141).

Die Integrationsphase bezieht sich nicht nur, wie eben besprochen, auf Emotionales, sondern auch auf neu gewonnene Einsichten, z.B.: "je näher ich jemandem bin, desto schwerer fällt es mir, nein zu sagen". Zur Integration gehört dann zu schauen, was dieses Verhalten bisher für kurz- und langfristige Folgen hatte, welche gefühlsmäßigen Probleme dahinterstecken, wie der betreffende Mensch sich im Grunde verhalten möchte. Schließlich bezieht sich die Integrationsphase auch auf den vermehrten Kompetenzerwerb. Wenn jemand z.B. gelernt hat, Bekannte sofort anzurufen, wenn er daran denkt, statt zuerst lang zu überlegen, ob dies den anderen wohl paßt, wird er feststellen, auch anders über andere zu denken: Er traut ihnen zu, nicht abweisend zu sein, sondern offen. Er merkt auch, wie er den anderen damit indirekt sagt, daß auch er kontaktfreudig und offen ist.

In der nächsten Prozeßstufe, der ***Neuorientierung***, wird versucht, das Erkannte, neu Erfahrene, neu Gelebte mit künftigen Situationen, künftigen sozialen oder privaten Kontakten in Beziehung zu setzen. Häufig erfolgt in dieser Neuorientierung auch ein Erfahrungsexperiment in der gleichen Sitzung oder eine konkrete Aufgabenstellung bis zum nächsten Mal.

Nun sind ja längst nicht alle Menschen bereit - trotz bester Gesprächsführung der Therapeutin - an ihren Konflikten zu arbeiten. Das heißt, die Initialphase kann also auch über mehrere Sitzungen dauern und die Aktionsphase kann erst mit Gewinn eingesetzt werden, wenn Bereitschaft dazu besteht. Daher ist zu Beginn öfters zunächst Arbeit am Beziehungsgeschehen nötig, C. Rogers (1983, 1987) meinte, insbesondere durch das Gespräch. Die Körperzentrierte Psychotherapie IKP glaubt, diese Phase kürzer machen zu können durch Eingehen auf den Präferenzsinneskanal (VAKO) des Klienten und, wenn sich dieser nicht nur im aktustischen Bereich, sondern auch im visuellen oder taktilen befindet, auch durch skizzenhaft zeichnerische Darstellungen, Bewegungs- oder Körperarbeit. Dieser Einsatz von Körper- und Bewegungsarbeit zu Beginn ist ebenfalls eingebettet ins Gespräch und unsere nonverbale, mimische und gestische Kommunikation.

Das therapeutische Gespräch im Unterschied zu einem sonstigen guten Gespräch

Untersuchungen zeigen, daß nicht ausgebildete Laien-Therapeuten gerade deswegen sehr häufig gute Therapieergebnisse aufweisen konnten, weil ihre Beziehungsfähigkeit gut war. Wenn wir aber davon ausgehen, daß der Beziehungsaspekt in einem professionellen Therapiegespräch genauso gut gelingt wie erfolgreichen Laien-Therapeuten, können wir feststellen, daß der professionelle Therapeut weitere Vorteile in der Gesprächsführung aufweist, wenn er bewußter das Gespräch zu gestalten versteht. Was heißt "bewußter" sprechen?

Ich verstehe darunter, daß *erstens* der Therapeut **kein Fehlverhalten** zeigt: Dirigieren, beständig Ratschläge geben, befehlen, mahnen, überreden, negativ oder positiv beurteilen, also moralisieren, abwerten (klein machen, durch Diagnose schockieren, Probleme oder Gefühle bagatellisieren oder ihnen ausweichen), oder umgekehrt sich mit einer Situation, mit Gefühlen etc. total identifizieren, sich übermäßig emotional erschüttern, involvieren lassen, so daß die nötige Distanz und Selbstkontrolle verloren gehen. Unangemessen ist es auch zu rationalisieren, d.h. vorwiegend logisch, intellektuell vorzugehen und die Gefühle des Klienten zu übergehen. Dazu gehört auch das Abstrahieren, d.h. das Problem auf eine wissenschaftliche Ebene heben, abstrakt und allgemein behandeln ohne den individuellen Einzelfall des Klienten zu sehen. Ferner eigene Gedanken, Erfahrungen und Gefühle auf den Klienten zu projizieren, zu monologisieren, d.h. viel zu lange zu reden und nicht auf die Reaktionen des andern zu achten, oder im Gegenteil den Klienten lange anzuschweigen oder auch nur innerlich abzuwandern. Ein therapeutisches Fehlverhalten wäre auch zu debattieren (einen rechthaberischen Machtkampf führen), zu appellieren (reiß Dich zusammen, Du mußt nur wollen), sich zu fixieren in einer fürsorglich-elterlichen Rolle, die zu abhängiger Regression führt, etc.

Bewußter sprechen heißt *zweitens* auch, den Klienten dort abzuholen wo er ist, d.h. eingehen zu können auf den **Kommunikationskanal**, der ihm im Augenblick oder für ein bestimmtes Thema am besten liegt, sei dies nun der akustische, der optische, der taktile. Dazu braucht der Therapeut ein gutes geschultes Wahrnehmungsvermögen in all den genannten Sinnesbereichen.

Der professionelle Therapeut weiß auch, wie er **methodisch** etwas erreichen kann, z.B. wie er ein retroflexives Verhalten, d.h. ein Verhalten, bei dem ein Patient sich selbst antut, was er im Grunde andern antun möchte, umwandeln kann in ein konstruktives, sich durchsetzendes Verhalten. Nicht nur weiß der Therapeut, wie er dem Patienten helfen kann, mit bestimmten Symptomen umzugehen, sondern er sucht auch nach den Zusammenhängen der Symptomentstehung und -aufrechterhaltung. Nur so kann er dem Patienten den Weg zeigen, wie er alleine oder zusammen mit seiner Umgebung Symptome verstärkt oder abschwächt. In der Körperzentrierten Psychotherapie IKP wird die Symptomentstehung (vgl. Kap. 6) nicht nur der psychologischen oder tiefenpsychologischen Ebene angelastet, sondern es werden auch die körperliche, die soziale, die spirituell-transzendente Dimension und die Dimensionen von Raum und Zeit als Quellen für eine Symptomentstehung verstanden. Daher beziehen sich auch die Gesprächsinhalte auf alle diese Dimensionen. Neben diesen Seinsdimensionen sind für den Therapeuten als Orientierung auch immer die funktionalen Ebenen von Wahrnehmen, Fühlen, Denken und Handeln wegweisend, da auch diesbezügliche Einseitigkeiten im Verhalten zu Entwicklungshemmungen bzw. zu Symptomen führen können (vgl. auch das durch drei funktionale Ebenen ergänzte Würfelmodell bzw. das Zylindermodell von Maurer und Riedle, 1990, S. 218).

Verantwortlichkeit in der Therapie

Jeder Therapeut weiß schließlich, welche Verantwortlichkeiten ihm als Therapeuten zukommen und zu welchen Verantwortlichkeiten er den Klienten immer mehr führen kann. Vorab gehört es zur Verantwortlichkeit des Therapeuten, ein für die Therapie angemessenes Klima, eine gute Atmosphäre zu schaffen, was durch die drei Grundvariablen nach Rogers (1983, 1987): Wärme, Empathie und Kongruenz, ferner durch den nonverbalen Ausdruck des Therapeuten und körperliche Erfahrungsübungen, die der Therapeut dem Klienten anbietet, möglich ist.

Der Therapeut übernimmt auch klar die Verantwortung für den Verlauf des Beziehungsprozesses: “was machen wir hier mit einander?” (vgl. auch Kap. 12)

Zur Verantwortlichkeit des Therapeuten gehört auch das Sammeln wesentlicher Informationen und das Sorgen dafür, daß der Klient immer mehr Eigenverantwortlichkeit in der Therapie übernimmt. Das Ziel ist, daß der Klient immer mehr zu seiner Ganzheit findet, ganzheitlicher wird, verdrängte Seiten integriert, bisher zu kurz gekommene Seinsdimensionen vermehrt leben lernt. So kann er Fortschritte machen in seinem Selbstaktualisierungsprozeß, d.h. von einem konventionellen Verhalten immer mehr zu seinen persönlichen echten Gefühlen finden und diese ausdrücken. Bei diesem Prozeß lernt er, blockierende Lebenshaltungen, sogenannte Skripts, verzerrtes Wahrnehmen und Denken, seiner Entfaltung entgegenstehendes Fühlen und Handeln erkennen, erleben und so verändern, daß er immer besser zu sich selber findet, was Ich-stärkend wirkt.

Der professionelle Therapeut zeichnet sich auch dadurch aus, daß er gerade mit schwierigen Situationen so umzugehen versteht, daß sie sich verbessern. Zu diesen Situationen gehören das Erkennen und Umgehen mit Widerstand, mit Übertragung und Gegenübertragung (s. auch Maurer, 1992 und 1987, S. 84 - 90), mit längerem Schweigen, mit Suizidalität, mit Gefühlsausbrüchen (Tränen, lautes Heulen, Wut), mit Rückzugstendenzen, ferner mit allem, was wir soeben unter erstens als Laster des Therapeuten beschrieben haben, da sich auch der Patient in diesen Sprechweisen verfangen kann. Das Meistern schwieriger Situationen beinhaltet auch das freie Sprechenkönnen über in unserer Gesellschaft tabuisierte Themen und allem voraus selbstverständlich der Umgang mit den diversen Widerständen des Patienten.

Allerdings ist erneut hinzuzufügen, daß oft Widerstände des Klienten entstehen, weil es dem Therapeuten nicht gelingt, ihn dort abzuholen, wo er ist, also z.B. auf dem Sinneskanal, der im Augenblick einer echten Bedürfnislage des Patienten entspricht. Ein Therapeut, der nicht im geforderten Augenblick auf die taktile Ebene des Klienten eingehen kann, muß sich nicht wundern, wenn dann beim Klienten im sprachlichen, d.h. akustischen Bereich Widerstand entsteht. Dieser Widerstand kann sehr berechtigt sein. Würde der Therapeut beispielsweise zuerst körpernah am Gefühl des starken Rückens arbeiten, könnte der Klient dann auch mehr Selbsterkenntnis und mehr Gefühle zulassen im Bewußtsein seiner Stärke. Widerstand kann also auch damit zusammenhängen, daß der Therapeut nicht alle Seinsdimensionen und Sinneskanäle in den therapeutischen Prozeß einbezieht.

Weiteres zur Gesprächsführung

Interessant ist, daß wenn wir in Ausbildungsgruppen die Teilnehmer auffordern, sich an psychische Störungen zu erinnern und was ihnen geholfen hat, sie Hinweise bringen aus dem von Rogers beschriebenen Bereich der Akzeptanz (man hat mir den Raum gelassen/zugehört/

erklärt “Du darfst Du sein”/meinen Gefühlen Zeit gelassen/mir zu verstehen gegeben “Du schaffst es”/ volle Aufmerksamkeit geschenkt/ dies alles wurde mir nicht nur inhaltlich mitgeteilt, sondern auch mittels Ton, Mimik und Gestik). Ferner aus dem Bereich der Kongruenz (der Therapeut hat Ruhe ausgestrahlt, ist nicht auch gleich mit in Panik geraten, hat zwar seine Gefühle anläßlich dessen gezeigt, was gesagt wurde, aber blieb doch in einem gewissen Ausmaß sich selbst, so daß er zur Stütze wurde und nicht “noch zusätzlich geschützt” werden mußte). Als hilfreich wurde auch geschildert, was aus dem Bereich der Empathie kam (der Therapeut konnte sich in die Situation gut einfühlen, seine Zuwendung wurde spürbar, konnte auch nonverbale Antworten mittels Mimik und Gestik ausdrücken, konnte auf die Bedürfnisse eingehen, wobei zu diesen nicht nur das nondirektive sondern bei gegebener Situation auch direktives Handeln im Sinne von “Verantwortung, Kommando übernehmen” gehören kann).

Die obgenannten Beispiele stammen alle aus dem Bereich der Gesprächsebene (allenfalls nonverbale Begleitung mittels Mimik und Gestik derselben).

Bei den Antworten war aber interessant zu sehen, daß sich längst nicht alle als hilfreich erwiesenen Erlebnisse auf die Gesprächsebene bezogen. Etliche bezogen sich nebst dieser psychischen Dimension auch auf die körperliche Dimension (Berührung, Verhelfen zu neuem Körpergefühl), auf die räumliche (Präsenz einer Person) oder auf die soziale (Wunsch nach Anwesenheit einer ganz bestimmten Person oder eines ganz bestimmten sozialen Rahmens oder einer bestimmten Mannschaft, einer bestimmten sozialen Aktivität). Ebenso wurde das in Kontakt treten mit der Wesensdimension als hilfreich erlebt (Gespräche über den Sinn einer Beziehung, einer Arbeit, des Lebens/Spüren einer geistigen Welt/Ozeanische Gefühle gegenüber der Natur oder einem bewundernswerten Verhalten eines Menschen/Erlebnisse während der Meditation, während stiller Stunden). Auch Veränderungsmöglichkeiten in der Zeitdimension (einschwenken können auf das Hier und Jetzt oder zurückgreifen können auf gut gehende Beziehungen in der Vergangenheit oder Ausweitung der aktuellen Zeitperspektive durch den Einbezug der Zukunft)wurden positiv erwähnt.

Wann sprachliche (verbale) und wann nichtsprachliche (nonverbale) bzw. körperliche Interventionen?

Es gibt in diesem Bereich keine absolut strikten Regeln. Vieles bleibt der Empathie, der Einfühlungsgabe der Therapeutin überlassen, wann sie vom Gespräch zur nonverbalen Kommunikation und von dieser zurück zum Gespräch wechselt.

Grundsätzlich gilt, daß die Therapeutin den Wechsel vom Sprachlichen zum Nichtsprachlichen nur dann bewußt einsetzen kann, wenn dieser Wechsel, dieses Shiften ihr bewußt wird. Wenn sie also beispielsweise realisiert, daß sie keine verbale Antwort gibt, sondern eine minische oder mit einer Gestik antwortet. Eine nonverbale Antwort kann auch im Vorschlag einer körperlichen Erfahrungsübung bestehen oder darin, Gefühle zeichnerisch mittels Wachsfarben, Skizzen, Plastillin, Ton etc. darstellen zu lassen.

Nun ist es ja so, daß wir alle durch unseren Sozialisierungs- und Intellektualisierungsprozeß gelernt haben, uns auf einer mehr abstrakten und weniger auf einer konkreten, spontanen, gefühlsmäßigen Ebene mit uns selber und mit andern auszutauschen. Diese abstrakte Gesprächsebene ist daher meist für beide, für den Klienten wie für die Therapeutin, leichter. Der Wechsel von der verbalen zur nonverbalen Ebene will also gelernt sein.

Dazu kommt, daß viele psychische Störungen auf Fixierungen in irgendeinem Bereich oder auf irgendein Problem zurückgehen. Diese Fixierung ist meistens sehr stark auch im Denken verwurzelt.

Es kommt also beispielsweise ein Patient zur Behandlung und fällt auf durch sein Stottern. Er kommt aber nicht deswegen, sondern wegen Nervosität und plötzlich auftretenden Erinnerungslücken, die ihn besonders aufregen und ängstigen, weil er auf dem zweiten Bildungsweg die kantonale Maturitätsschule macht. Es zeigt sich dann, daß er auf ein Verhalten des Zweifelns sich selber und andern gegenüber fixiert ist. Was er hört, wird sofort mittels scharfem Verstand analysiert und in Zweifel gezogen, ebenso, was er gedenkt zu tun oder getan hat. Für mich als seine Therapeutin ist wichtig, nicht bei dieser intellektuellen Fixierung mitzumachen, sich in stundenlage Diskussionen verwickeln zu lassen, was beim Verbleiben auf der rein sprachlichen Ebene fast unumgänglich wäre, da auch verbale Interventionen sofort irgendwie in Zweifel gezogen werden. Wenn sich die Therapeutin also nicht "anstecken" läßt, in der kopflastigen Fixierung nicht mitmacht, sondern die Ebene wechseln kann, wird

Heilung möglich. Im Sinne eines therapeutischen Shifts schlug ich ihm also Atemarbeit in Rücken- oder Bauchlage vor. Dies nahm der Patient an, legte sich seinem Wunsch gemäß auf den Rücken. Ich bat ihn, die Aufmerksamkeit auf die von mir berührten Körpergegenden zu lenken und unterstützte dann als erstes mittels atemstimulierender Griffe seine Ausatmung, unterstützte diesen Prozeß dann auch verbal durch die Aufforderung, zu spüren, was passiert, wenn er sich auf diesen Prozeß noch mehr einlasse, also in seiner Vorstellung, nicht willentlich, versuche, das Gefühl von möglichst vollständigem Ausatmen zu haben. Dies vertiefte seine Atmung und im Nachspüren erfuhr der Patient dann, daß der Atem "von selber kommt und geht" und "ich habe gemerkt, daß, wenn ich zu kontrollieren versuche, es den Rhythmus stört".

Der Patient ist also durch diese körperlich Erfahrungsübung auf eine andere Ebene seiner Persönlichkeit gestoßen, auf ein ihn tragendes Grundelement in ihm selbst, das ohne sein Zutun wirksam ist. Durch das Wahrnehmen des von seinem Willen unabhängigen Atemrhytmus hat er Zugang zum tragenden Urgrund in ihm erhalten. Dieses Erleben war so stark, daß er es nicht in Zweifel zog. Im Gegenteil, in den nachfolgenden zwei Stunden war es ihm ein Bedürfnis, dies wieder zu erleben. Wir arbeiteten am erlebnis- und gefühlsmäßigen Defizit, also der Ursache seines übermäßigen Denkaufwandes, seiner "Denkhypertrophie".

Neben dem genannten Bewußtwerdungsprozeß, den jeder Therapeut hinsichtlich Wechsel zwischen verbaler und nonverbaler Kommunikation durchmachen muß, gibt es auch einige Grundregeln dazu, die auf der folgenden Seite dargestellt sind.

Überblick für sprachliche Interventionen und sprachlich begleitete Handlungsinterventionen

Der Sinn der Sprache ist der menschliche Kommunikationsaustausch. Bei allem, wo es um Austausch von Wissen, Können, Information zwischen Patient und Therapeut geht, auch wo miteinander gedacht, nach Zusammenhängen gesucht werden soll, ist der sprachliche Ausdruck das geeignetste Instrument.

Wo es darum geht, den Patienten etwas gefühlsmäßig zu vertiefen oder überhaupt erstmals erleben zu lassen, sind emotionalisierende Techniken, die meist durch das begleitende Wort unterstützt werden, wirksamer. Unter emotionalisierenden Techniken verstehe ich das Anregen von Sinneswahrnehmungen, die nicht nur das Hören von Sprache betreffen, sondern auch das Hören von Nichtsprachlichem, z.B. Musik, bestimmte Rhythmen, oder das Sehen, das Betrachten eines selbstgemalten Wachskreidebildes oder das vertiefende Sichhineinfühlen in eine Bewegung oder eine Körperarbeit, werde die nun alleine oder zusammen mit der Therapeutin ausgeführt. Dies alles sind also auch Techniken, die die direkte Handlung des Patienten einbeziehen, wobei diese Aufzählung lange nicht vollständig ist. Zu ergänzen wären der Gestaltdialog, der intrakorporelle Dialog, die psychologisch-psychotherapeutische Arbeitsweise mit Tarot-Karten, etc., etc.

Überall dort, wo es nicht darum geht, Emotionen zu verstärken, sondern im Gegenteil besser steuern zu lernen oder sich davon zu distanzieren, sind emotionalisierende Techniken als therapeutisches Medium ungeeignet (kontrainidziert). Sie werden dann höchstens eingesetzt, um die Übermäßigkeit der Emotionen bewußt werden zu lassen, damit gelernt werden kann, mit ihnen besser umzugehen. Im allgemeinen sind aber Distanzierungstechniken besser geeignet. Darunter verstehe ich das Verlassen der therapeutischen Szene, indem sich der Patient gewissermaßen desidentifiziert, d.h. er tritt ein paar Schritte von seinem Sitzplatz zurück und betrachtet als anonymer "Herr Müller" sich selbst von weitem und bespricht sich darüber mit der Therapeutin.

In dieselbe Richtung geht die Fähigkeit, sich besser abzugrenzen, mehr in sich ruhen zu lernen, wofür meditative Techniken sehr gut geeignet sind.

Während sprachliche Kommunikation vorwiegend über den akustischen Sinneskanal (Hören) und zusätzlich über den visuellen (Gestik, Mimik) wirkt, betreffen sprachlich begleitete Handlungsinterventionen (oft nicht-sprachliche Kommunikation genannt) vorwiegend den taktilen und kinästhetischen Sinneskanal (Berühren, Berührtwerden, Bewegungssinn), zusätzlich auch den visuellen (Sehen), den akustischen (Hören) und den olfaktorischen (Riechen). Z.B. Atem- und Massagearbeit, Bewegung, intrakorporeller Dialog, Spürübungen, Körperarbeiten der Entspannung, Eutonisierung, Arbeit mit der Stimme, Thymographie, Somatographie, Zeichnen, Arbeiten mit Plastilin oder Ton, Musik, psychologisch verwendete Tarot-Karten etc.

Tabelle 1: Zusammenfassender Überblick für rein sprachliche Interventionen und sprachlich begleitete Handlungsinterventionen

Wann rein sprachliche Interventionen?

1. In der Initialphase, zu Beginn der Aktionsphase, während der Integrationsphase und in Teilen der Neuorientierung,
2. Zum Informationsaustausch (Wissen),
3. Besprechung der Beziehung zwischen Therapeut und Patient (Metakommunikation), z.B. "du lächelst, wenn du mir diese schlimme Geschichte erzählst", "du schaust mich jetzt so an, was willst du damit sagen?",
4. Beim Zusammenhänge suchen und finden, z.B. hinsichtlich Selbstorganisation und Auswirkung auf die Umgebung,
5. Um gefühlsmäßigeres Erleben in sanfter Form zu ermöglichen (verstehendes Gespräch mit weicher, einfühlender Stimme),
6. Um zu helfen, überflutende Emotionen besser steuern zu lernen (z.B. Handgreiflichkeiten, übertriebene Wutausbrüche),
7. Um in emotionalen Situationen (Krisen) wieder den Überblick zu gewinnen.

Wann sprachlich begleitete aktive oder passive Handlungsinterventionen?

1. Öfters in der Aktionsphase,
2. Um emotionale Nähe, bzw. bessere Emotionalisierung/Emotionsverarbeitung zu erreichen,
3. Zur Kompetenzerweiterung,
4. Um in der Regression nachzunähren (emotionale Defizite aufzufüllen),
5. Um Erkanntes im Körpergedächtnis zu festigen.

Handlungsinterventionen müssen spezifisch eingesetzt werden!

Beispiele von Handlungsinterventionen:

Atem und Massagearbeit,
Bewegung,
Intrakorporeller Dialog,
Spürübungen,
Körperarbeiten der Entspannung und Eutonisierung,
psychologisch verwendete Tarotkarten, (vgl. auch Maurer, 1993)
Thymographie,
Somatographie,
Zeichnen,
Musik,
Arbeit mit der Stimme,
ect.

Inhaltliche Therapieaspekte

In Ergänzung zum therapeutischen Beziehungsverhalten und zu den Erörterungen hinsichtlich des Gesprächsverlaufs während der Initial-, Aktions-, Integrations- und Neuorientierungsphase möchte ich jetzt noch den Einsatz von Gespräch und nonverbalen Arbeitsweisen unter dem inhaltlichen Aspekt und weniger unter dem formalen (Abb. 33) aufzeigen.

Im Grunde gibt es ja soviel *inhaltliche* Variationsmöglichkeiten wie es Patienten und Therapiesitzungen gibt. Wenn wir versuchen, aus didaktischen Gründen die vielen Inhalte in wenige große Gruppen zu ordnen, könnte man folgende Einteilung machen:

1. Beziehungsgestaltung
Da die Klienten häufig gewisse Ängste vor der Therapie haben, ist es nötig, zu schauen, daß Ängste in bezug auf Diskretion, auf etwa befürchtete Abwertung in ihrem Selbst infolge ihrer Problematik, z.B. auch durch Unverständnis des Therapeuten der Problematik gegenüber, abgebaut werden können.

In dieser Hinsicht eignet sich vor allem das Gespräch, auch eine den Klienten freundlich unterstützende Gestik von seiten des Therapeuten mag hier gelegentlich angezeigt sein. Dies gilt vor allem bei Patienten, deren Lieblingssinneskanal nicht das Gehör, sondern der taktile, der Berührungssinn, ist.

Die Beziehungsgestaltung wird im Verlaufe einer Therapie aus verschiedenen Gründen, u.a. auch wegen Übertragungen und Projektionen immer wieder aktuell, ganz besondere Bedeutung kommt ihr aber in der Anfangsphase einer Psychotherapie überhaupt in der Initialphase, also am Sitzungsbeginn zu.

2. Ziel, Arbeitsplan bzw. gemeinsame Strategiefestlegung von Therapeut und Patient
Dafür ist meist ein größerer Informationsaustausch nötig, der meist auf der sprachlichen Ebene stattfindet. Inhaltlich gehört zu dieser Phase auch das gemeinsame Abschätzen von Nutzen und Gefahren, bzw. von Motivation und Angst vor Veränderung, die ja Voraussetzung für jede Therapie ist.

3. Emotionales Erleben, Vertiefen und Verarbeiten
Sehr viele Problematiken hängen ja im Grunde damit zusammen, daß

Gefühlszuständen zu wenig Beachtung und Aufmerksamkeit entgegengebracht wird. Daher kann z.B. mit einer kaum wahrgenommenen Kränkung nicht gut umgegangen werden: “willst du dir das auch noch aufladen?”, hintergründige Botschaft: “du bist viel zu schwach, du kannst es nicht”. Dem Klienten beizustehen, Gefühle in sich als erstes besser wahrzunehmen, ist im reinen Gespräch oft nicht möglich. Es braucht dazu eine Situation, in der dasselbe oder ähnliches erneut erlebt werden kann. Gelegentlich gelingt es innerhalb der therapeutischen Beziehungssituation, auf das gerade stattfindende Übergehen von Gefühlen zu verweisen. Im übrigen hängt es von der Fähigkeit und Kreativität des Therapeuten ab, die dies erleichternden Umstände (facilitating environment) für oder mit dem Patienten zusammen zu gestalten. Dazu eignen sich Vorstellungsübungen in entspanntem Zustand oder das psychodramatische Darstellen bestimmter Ereignisse, die Verstärkung unbewußter kleiner Körpergesten oder Redewendungen, verschiedenste Arten von Körperarbeit und sämtliche weitere Techniken der Körperzentrierten Psychotherapie IKP.

Bei diesen Handlungsweisen wird der sprachliche Rahmen nach einleitenden Worten zugunsten einer mit großer Aufmerksamkeit verfolgten *Handlungsweise* oder eines Handlungsablaufs, der übrigens auch sprachliche Elemente enthalten kann, verlassen. Die Aufmerksamkeit des Patienten, seine intensive Achtsamkeit ist wichtig für das bewußte Wahrnehmen im Hier und Jetzt. Bei entsprechender Stimulierung von körperlichen und sozialen, bzw. szenischen Assoziationen kann er zudem in sein eigenes Vorbewußtes oder Unbewußtes gelangen. Dies ist offenbar über Gedächtnisspeicher möglich, die durch körperliche Stimulierung (Druck z.B. an schmerzhaften oder an gefühllosen Stellen, Hineinatmen, Dehnung, etc.) frühere Gefühlseindrücke und ganze Erlebnisszenen ins aktuelle Erleben zurückzubringen vermögen. Dieses therapeutische Handeln gehört meist der Aktionsphase, teilweise auch der Neuorientierungsphase an. Letzterer vor allem auch dann, wenn sie sich direkt an die Aktionsphase anschließt.

4. Denkarbeit

Neben dem Wahrnehmungs-, Hinspür- und Fühlprozeß kommt in der Körperzentrierten Psychotherapie IKP dem Denkprozeß, der in früheren Therapieformen im Vordergrund stand, ebenfalls Bedeutung zu. Es geht dabei darum, mit dem Patienten Zusammenhänge zwischen seiner Selbstorganisation und Selbststeuerung einerseits und dem Verhalten andererseits zu finden, Zusammenhänge zu sehen zwischen seinem Erleben außerhalb der Therapiestunde und im Verlauf derselben sowie Zusammenhänge zu seinen vergangenen Erlebnissen. Es geht bei dieser Denkarbeit auch darum, die Problematik von einem andern Blickwinkel aus zu sehen, d.h. auch beispielsweise innerhalb einer Dimension den Standpunkt zu wechseln (intradimensionaler Shift) oder das Ganze aus einer andern Dimension zu sehen (interdimensionaler Shift).

Beispiel für einen intradimensionalen Shift: "Wenn mein Mann spät nach Hause kommt, werde ich wütend und kann daher nicht einschlafen." Beim Nachspielen der Szene merkt die Patientin, daß sie statt wütend zu werden darüber froh sein könnte, an diesem Abend keine Geschäftssorgen anhören zu müssen, die zur Zeit bei ihrem Mann im Vordergrund stehen. Ein interdimensionaler Shift wäre, nicht innerhalb des Psychischen einen Wechsel zu vollziehen, sondern aus dem Psychischen in die soziale Dimension überzuwechseln, z.B. indem die Patientin statt zu warten und sich zu ärgern die Zeit benützen würde, um ihre Freundin anzurufen (Shift von der psychischen in die soziale Dimension) oder etwas für ihre Gesundheit zu tun, z.B. in die Sauna zu gehen (Shift von der psychischen in die körperliche Dimension). Denkarbeit kann sich also auch wieder in Handlung umwandeln, und umgekehrt kann aus der Handlung wieder ein neuer Denkanstoß entstehen.

5. Einüben von mehr Kompetenz

Bei diesem Inhaltsbereich geht es um eine Art pädagogisch-schulische Unterstützung des Klienten, indem Neues oder bisher Vermiedenes oder neuerdings vermiedenes Verhalten durch Besprechung, bildliche Vorstellung, Zeichnen, Verquickung mit bestimmter Körperhaltung, Form der Atmung oder Psycho- bzw. Monodramatisches Handeln etc. eingeübt wird.

Dieser Inhaltsbereich ist häufig auch Teil der Neuorientierung. Da sich Verhalten bekanntlich auf Gedächtnisspuren zurückführen läßt, ist es wichtig, intensive und langanhaltende neue Gedächtnisspuren setzen zu können. Dies geht emotional besser und rascher als intellektuell. Daher sind auch in diesem Bereich neben der sprachlichen Kommunikation emotionalisierende Übungen sehr wertvoll und hilfreich.

Und wenn er spricht, spricht und spricht ...

Auf gefühlsmäßige Inhalte einzugehen ist dann leicht, wenn berichtet wird: “Ich habe Angst”, “Das macht mir ein schlechtes Gewissen bzw. Schuldgefühle ...”, “Er regt mich auf ...”. Schwieriger wird es, wenn der Klient statt seine Gefühle auszudrücken, nur eine Geschichte (Story) erzählt. Ähnliches gibt es ja auch im Privatleben: Gewisse Menschen fesseln uns, weil sie aus ihren gegenwärtigen Gefühlen schöpfen und mit uns einen echten Dialog, ein Hin- und Hergespräch führen, von dem man zu Beginn nicht weiß, wohin es führt. Andere Menschen langweilen uns mit ihren Tatsachenberichten und längst vergangenen Erlebnisberichten und merken nicht, daß das aktuelle gefühlsmäßige Erlebnis zwischen ihnen und uns dadurch völlig übergangen wird.

Wenn uns jemand also eine Story erzählt, ist es wichtig, schnell einzuhaken und die emotionalen Inhalte aufzunehmen, auch wenn sie nur indirekt (implizit) vorhanden sind. Auch die direkt ausgedrückte Angst kann aufgenommen werden im Sinne von “Was bedeutet dir denn Angst?”, “Wie stehst du dazu, ist sie dir peinlich?”

Es gibt noch einen andern Grund, einen Menschen nicht längere Zeit einfach erzählen zu lassen: Der Betreffende kann sonst das Gefühl haben, jetzt habe ich meinem Therapeuten alles gesagt, und er sagt mir dann schon wie ich es machen kann. Wenn wir den Klienten zu lange alleine sprechen, bloß seine Story erzählen lassen, baut der Klient die Erwartung auf, daß ihm am Schluß der richtige Ratschlag schon gegeben wird. Damit würden wir ihn auch von der Verantwortung entbinden, selber mitzuwirken, den Weg zu finden, zu gehen und sein Problem zu lösen.

Kapitel 10

Ganzheitliches Sexualleben

Erotik

Erotik hat zu tun mit Empfindungen der Anziehung, des Wohlbehagens, der energiemäßigen Stimulierung. Auch die Mutter-Kind-Beziehung ist im weitesten Sinne erotisch. Mit Erotik wird gelegentlich auch eine Atmosphäre beschrieben, die es ermöglicht, sich zu öffnen, gefühlsmäßig lebendig zu werden. Die allerersten Entwicklungsphasen des Embryos innerhalb der Gebärmutter sind ganz von dieser erotischen Beziehung geprägt: eine wärmende, weiche Umgebung mit rhythmischer Stimulierung durch den Herzschlag und die Darmtätigkeit der Mutter. Dabei ist das rhythmische Element, der Herzschlag, offenbar sehr wichtig, da Neugeborene am liebsten auf dem Bauch der Mutter liegen, wo sie weiterhin dieselben Vibrationen des Herzschlags spüren. Werden sie von dort weggenommen, beginnen sie meist zu schreien. Vier bis sechs Monate alte Babys reagieren nicht nur auf Töne, sondern offenbar auch auf Melodien (Liley, 1972, vgl. auch Verny und Kelly, 1983).

Eine weitere Phase der erotischen Entwicklung verläuft vorwiegend über den Hautkontakt: Neugeborene erleben Kontakt hauptsächlich über die Haut (vgl. Montagu, 1971). Ein Teil des Hautkontakts erfolgt über den Mund als Erkundungs-, Kontakt- und Ernährungsorgan (oraler Anteil der dermalen Phase). Die so erlebte angenehme "erotische" Beziehungsatmosphäre strahlt das gesunde Kleinkind dann auch nach außen aus. Wir nennen diese offene, gefühlsbetonte Art auch Liebreiz oder Eros.

Mit sechs bis sieben Jahren vermindert sich dieser bei gesunden Kindern vorhandene Charme etwas, sie werden in der Schule zu mehr Konzentration und Kopfarbeit angehalten. Dadurch geht vielen der gute Bezug zu ihrem Körper und ihren Gefühlen, speziell zum Gefühl der wohligen Lust, verloren.

Sexualität

Unter "Sexualität" verstehen wir Empfindungen im Geschlechtsbereich (Genitalbereich). In der Körperzentrierten Psychotherapie IKP verweisen wir auch hier auf das anthropologische Würfelmodell mit seinem Bezug auf die menschliche Ganzheitlichkeit, d.h. in diesem Zusammenhang, daß sexuelle Empfindungen über den körperlichen, den psychischen, den sozialen und den spirituellen Seinsbereich oder über mehrere gleichzeitg entstehen können und sich auch in all den genannten Bereichen auswirken. Sexuelle Empfindungen werden von innen (endogen) und von außen (exogen) ausgelöst.

Äußere Reize

Wie bei der Erotik werden diese Empfindungen von außen in verschiedenen Personen unterschiedlich stark ausgelöst. Dies hängt damit zusammen, daß viele Menschen speziell über den visuellen Sinneskanal (Sehen), andere mehr über den akustischen (Hören), wieder andere über den Tast- und Bewegungssinn oder den Geruchssinn angesprochen werden. Die Attraktivität einer Person hängt daher nicht nur mit der Art und Weise derselben zusammen, sondern auch mit dem Wahrnehmungsvermögen des Gegenübers. Nicht für jeden Menschen sind die gleichen Signale und Reize, die ausgesendet werden, erotisch bzw. sexuell wirksam. Auch Anzeichen erotischer und sexueller Erregung beim Partner gehören zu diesen stimulierenden Außenfaktoren. Ihnen gegenüber stehen dann die angstauslösenden, verunsichernden erotischen und sexuellen Empfindungen und hemmende Außenfaktoren, wie dominierendes Verhalten, bedrohliches, grobes, verletzendes Benehmen und auch gehemmtes Verhalten des Partners.

Innere Reize

Neben diesen erotische und sexuelle Empfindungen auslösenden Außenreizen gibt es auch innere (endogene) Faktoren. Sexuelle Empfindungen stellen sich dabei überraschend, ohne speziell bemerkbaren äußeren Grund wie von innen heraus ein. Dies geschieht bei Männern und bei Frauen. Gelegentlich werden aber diese Empfindungen infolge eines Mangels an Wahrnehmungsfähigkeit nicht wahrgenommen. Die Wahrnehmung kann auch durch Hemmungen verbaut sein, da das Spüren spontaner sexueller Empfindungen, ohne daß diese durch einen Partner ausgelöst wurden, als etwas besonders Leidenschaftliches erlebt und daher abgewehrt wird. Narzißtisch gestörte Partner vertragen es schlecht, wenn aus dieser inneren Stimulierung heraus und nicht ausgelöst durch sie selbst Liebe gewünscht wird. Diese spontanen Regungen sind aber Empfindungen, die zum Menschen gehören.

Zu den endogenen Faktoren können wir auch die Phantasie zählen, die bekanntlich vieles bewirken kann, von der sexuellen Erregung bis nahe oder zum Orgasmus.

Die direkte Berührung und sexuelle Empfindung stimulierende Bewegungen können wir sowohl den inneren als auch den äußeren Reizen zugehörig betrachten.

Asexuelles Verhalten

Was die obgenannten Auswirkungen sexueller Empfindungsmöglichkeiten betrifft, ist meine therapeutische Erfahrung, daß sich die Gewohnheit sexueller Aktivität (inkl. Orgasmus) oder die Asexualität mit der Zeit unterschiedlich auf den Entwicklungsprozeß des Menschen auswirken können oder zumindest mit bestimmten Eigenschaften gekoppelt erscheinen. Asexuelles Verhalten geht oft einher mit hypotoner, schlaffer, schwammiger Muskulatur, müdem, kraftlosem, formlosem Körperausdruck oder aber mit hypertonem, überspanntem Muskeltonus, mit starrem, rigidem Körperausdruck. Entsprechende Merkmale können sich auch im Bereich des sozialen Verhaltens finden. Bei für beide Partner befriedigender sexueller Aktivität können die dabei erlebte lebendige (eutone) Spannkraft, die Intensität erfühlter Energien im Sinne von Erregungszunahme, Entspannung, erneutem Erregungsaufbau und das Erleben von Ganzheitlichkeit zu unternehmungslustiger, frischerer offenerer Ausstrahlung und Lebensweise führen.

Sexuelle Funktionsstörungen und therapeutische Hilfestellungen

Grundsätzliches über sexuelle Funktionsstörungen

Sexuelle Störungen wie die psychisch bedingte Impotenz des Mannes können für die Betreffenden sehr schmerzhaft sein und sogar zu Selbstmordphantasien führen. Auch Orgasmusstörungen der Frau wirken mittel- und längerfristig verunsichernd und können zu Spannungen und Problemen in der Partnerschaft führen. Der frühzeitige

Samenerguß (Ejaculatio praecox) beim Mann wird gelegentlich vom Mann selbst nicht als dieser erkannt, und die Störung wird bei der Frau gesucht, die dann Schwierigkeiten hat, einen Orgasmus zu erreichen. Ähnliches gilt für eine abgeschwächte Form der Impotenz, die Erektionsschwäche des Mannes.

Sexuelle Funktionsstörungen sind meistens durch viele Faktoren entstanden und haben, wenn sich die Betroffenen doch endlich zu einer Therapie entschließen können, oft bereits viele Folgesymptome und besondere Beziehungsverhältnisse geschaffen. Es ist dann meistens notwenig, eine umfassendere Psychotherapie anzubieten, die auf die sexuelle Entwicklungsgeschichte der einzelnen eingeht (siehe beiliegende Tabelle 2).

Je *akuter* die sexuellen Störungen sind, je mehr sie mit aktuellem Streß bzw. gestörter Funktion des vegetativen Nervensystems zusammenhängen, und je mehr sie auf ein traumatisierendes, verletzendes Ereignis zurückzuführen sind, desto eher kann eine *gezielte Kurztherapie mit Übungen*, Neuem einlernen bzw. mit verhaltens-, atem-, hypnotherapeutischen Methoden erfolgreich angewendet werden. Wenn es darum geht, bei jüngeren Frauen Empfindungs- und Orgasmusfähigkeit erst einmal zu erlernen, kann ebenfalls eher kurztherapeutisch, übungsbetont vorgegangen werden.

Vorgehen der Körperzentrierten Psychotherapie IKP
Bei bereits *länger* bestehenden sexuellen Funktionsstörungen ist meist eine umfassende Psychotherapie notwendig. Die Körperzentrierte Psychotherapie IKP geht aber so vor, daß sie bei sämtlichen Störungen zuerst mit kurztherapeutischen, aktiven Übungsexperimenten mit verhaltenstherapeutischen und hypnotischen Elementen einen Ersterfolg in der Verminderung und Besserung sexueller Funktionsstörungen erzielt. Dadurch wird der meist vorhandene Spannungs-Angst-Teufelskreislauf durchbrochen und auch die Beziehung zwischen Therapeut und Klient verbessert. Auf dieser Grundlage werden dann bei Störungen, die dies nötig machen, die tieferen Problematiken, die hinter den sexuellen Störungen stehen, die auch Defiziten in der vollen Entfaltung in bestimmten Dimensionen entsprechen können oder einem Mangel an aktivem Shiften, aufgearbeitet. Gerade weil viele sexuelle Störungen auf zu starke Kopflastigkeit, ängstliche Selbstbeobachtung, ob die sexuelle Reaktion wohl richtig vor sich gehe, zurückgeführt werden können, sind Übungsexperimente (das heißt aktives Shiften vom Denken ins

Fühlen, vom psychischen ins körperliche Erleben im Hier und Jetzt) sehr hilfreich. Daher ist eine Sexualtherapie, bei der auch der Körper einbezogen wird, häufig erfolgreicher. Meistens genügt es auch nicht, den Menschen, kommen sie nun einzeln oder als Paar in die Therapie, nur Hausaufgaben im Bereiche der körperlichen Berührung mitzugeben, ohne diese in der Therapiestunde praktisch genau erklärt und - ohne die Intimitätsgrenze zu verletzen - angeleitet zu haben. Häufig werden die Übungsexperimente sonst nämlich, wenn überhaupt, nur schludrig, schnell vor der nächsten Therapiestunde gemacht und oft nicht im Sinne des Therapeuten. In der Therapiestunde kann die Therapeutin eingreifen, wenn sie sieht, daß ein Paar, das z.B. die Aufgabe hat, sich den Rücken zu streicheln, viel zu wenig Druck anwendet, so daß es beinahe kitzelt oder viel zu stark oder zu rasch, zu hastig, nicht von Herzen kommend streichelt. Ähnliches gilt auch für Einzelübungen, zum Beispiel die Beckenbewegungsübungen im Stand, die, wenn nicht zunächst in der Therapiestunde eingeübt, zu Hause oft nur andeutungsweise gemacht werden und nicht den vollen Bewegungsumfang erreichen, der der Sinn der Aufgabe wäre. In der Körperzentrierten Psychotherapie IKP bleiben die Hilfesuchenden auch während diesen Übungsteilen immer angekleidet. Eine Ausnahme bilden Übungen bei Paaren, die die Berührungsqualität am Körper einüben. Bei ihnen wird der Rücken entblößt.

Einführung in die Erfahrungsübungen zur Verbesserung des Sexuallebens

Zusammenfassend sei wiederholt, daß sexuelle Störungen wie psychosomatische und andere Störungen oft nur auf dem Hintergrund des Zusammenspiels aller Seinsdimensionen des Menschen zu verstehen sind. So finden sich erziehungs- oder erlebnisbedingte Störungen im Bereich der psychischen oder sozialen Dimension, die ihre Auswirkungen auf die körperliche Dimension haben. Auch - die sexuelle Entwicklung hemmende - ideologische Werte und Normen oder Anschauungen können beteiligt sein.

Bis die sexuelle Störung im Erwachsenenalter manifest wird, wurde ein beträchtlicher Lebensweg zurückgelegt. Während dieser Zeit konnten Erfahrungen, die für eine reife Sexualität nötig sind, gemacht werden oder aber sie blieben mangelhaft. Dann geht es darum, diese Erfahrungen nachzuholen. Es können auch ungünstige

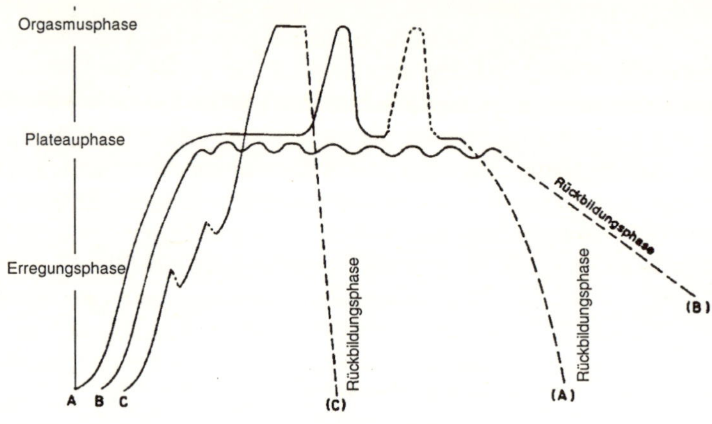

Abb. 34: Sexueller Reaktionszyklus der Frau
Erregungs-, Plateau-, Orgasmus-, Rückbildungsphase, wobei verschiedene Varianten möglich sind (A, B, C). Aus Masters, W. und Johnson, V., Die sexuelle Reaktion, 1989, S. 21

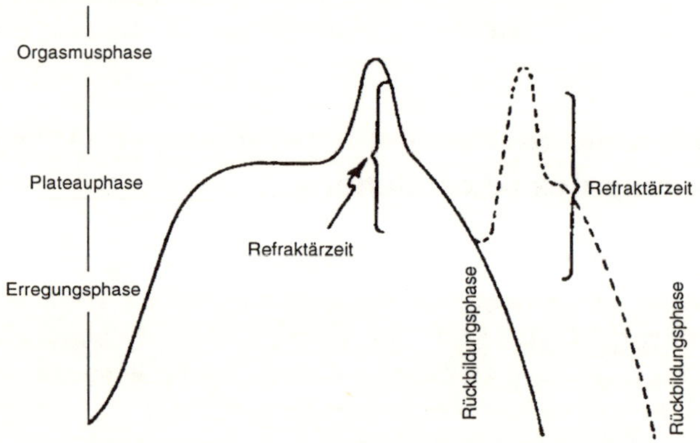

Abb. 35: Sexueller Reaktionszyklus des Mannes
Erregungs-, Plateau-, Orgasmus-, Rückbildungsphase. Ein Teil der Rückbildungsphase besteht aus der sogenannten “Refraktärzeit”, während der eine Nichtansprechbarkeit auf sexuelle Stimulierung besteht. Aus: Masters, W. und Johnson, V., Die sexuelle Reaktion, 1989, S. 20.

Erfahrungen gemacht worden sein. Derartige Blockierungen bedürfen dann der Bewußtwerdung und der Verarbeitung der damit einhergegangenen Emotionen sowie der Neuorientierung. Ein Teil der Übungen, der im nachfolgenden Schema der "Stufen der Entwicklung" vorgeschlagen wird, geht mehr in der Richtung des Nachholens von Verpaßtem, ein anderer Teil in die Richtung des Bewußtmachens blockierender Erlebnisse, die sich in muskulären Verspannungsmustern festgesetzt haben. Durch das lokale Angehen dieser muskulären Verspannungen und gleichzeitiges hochgradiges Achtsamsein des Hilfesuchenden werden die taktilen Gedächtnisspuren der früheren Szenen wieder erinnerbar, die zur Gesamtblockierung im psychischen, sozialen und körperlichen Bereich geführt haben. Alle Körperübungen sind daher vom Übenden in einer ruhigen Umgebung und mit großer Achtsamkeit durchzuführen. Sie helfen dann nicht nur den Körper zu lockern, sondern auch Erlebnisse, die für die Entwicklung ungünstig waren, bewußt zu machen, in die Gesamtpersönlichkeit zu integrieren und dadurch besser zu verarbeiten.

Die nachfolgenden Erfahrungsübungen eignen sich sowohl bei akuten Schwierigkeiten als auch für den Einbezug in eine Therapie bei bereits chronisch gewordenen Störungen. Wenn Hemmungen bestehen, wegen sexueller Störungen in eine Therapie zu gehen, können diese Erfahrungsübungen als Selbsttherapie wirksam sein. Sie sind ungefährlich. Vielleicht helfen sie auch, die Schwelle zu überwinden, um in eine Sexualtherapie einzusteigen, tragen dazu bei, daß sexuelle Störungen raschmöglichst angegangen werden.

Sowohl für die Selbsttherapie als auch für die Psychotherapie empfiehlt sich, mit einem Menschen einerseits die Beziehungssituation mit seinem aktuellen Partner durchzusehen (soziale Dimension) und sich zu fragen, in welch allfälligem akuten Streßzustand der Betreffende ist (Überforderung des vegetativen Nervensystems, körperliche Dimension). Wichtig ist auch, die bisherigen Stufen der Entwicklung (vgl. Tabelle 2) durchzugehen, weil sich diese Entwicklung auch im Innern des betreffenden Menschen inzwischen niedergeschlagen hat (psychische und körperliche Dimension). Aus dieser ganzheitlichen Betrachtung ergibt sich dann auch die ganzheitliche therapeutische Hilfe. Ich möchte der schematischen Darstellung der Stufen der Entwicklung und den daraus entstehenden möglichen sexuellen Störungen als Basisinformation Abb. 34 und Abb. 35 vorausschicken, die einerseits Grundsätzliches des sexuellen Reaktionszyklus der

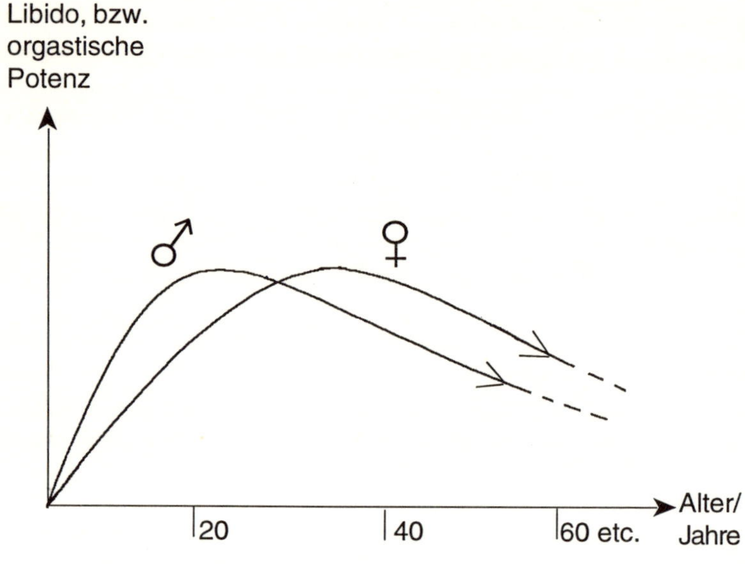

Abb. 36: Unterschiedliche orgastische Potenz bei Mann und Frau über die Lebensdauer betrachtet.
Dargestellt wurden vor allem die Potenzen in der jüngeren und mittleren Lebensphase. Über die späteren Phasen bestehen weniger und unsicherere Aussagen.

Diese Kurven der Libido und Empfindungsfähigkeit im genitalen Bereich stammen nicht aus exakten statistischen Untersuchungen sondern stützen sich auf den aus der Praxis gewonnenen Eindruck von gynäkologisch und psychotherapeutisch tätigen Ärzten. (Eine diesbezügliche wissenschaftliche Untersuchung konnte nicht gefunden werden, wäre auch äußerst aufwendig und schwierig durchzuführen).

Frau und des Mannes darstellen und die Veränderung der Libido bzw. orgastischen Potenz in der Perspektive der Gesamtlebensdauer (Abb. 36). Gelegentlich ist eine Aufklärung in diesen Bereichen therapeutisch bereits sehr nützlich.

Einen hilfreichen Einstieg kann das Formen des Motivs "Adam und Eva" bieten.

Erfahrungsübung: Beschaffe Dir/Euch Ton oder Plastillin, beginne Dich/Euch zu entspannen und ein inneres Bild vor Euch über Adam und Eva entstehen zu lassen. Dieses kann dann unabhängig von anderen mittels zweier Figuren dargestellt werden. Wenn Du alleine oder mit Deinem Partner diese Übung noch nie gemacht hast und dies einmal versuchen möchtest, wäre es besser, hier nun noch nicht weiter zu lesen.

Abb. 37-44 zeigen Tonfiguren nach dem Motiv "Adam und Eva" geformt von acht verschiedenen Teilnehmern der gleichen Gruppe. Die Darstellungen weisen unterschiedliche Beziehungsvorstellungen auf hinsichtlich:

a) Nähe und Distanz. Das Tonfigurenpaar (Abb. 37) weist auf größte Nähe, das letzte (Abb. 44) weist auf größte Distanz hin. Dazwischen finden sich verschiedene Übergangsstufen.
b) Gleichstellung (Abb. 37 bis 41 und 43) bzw. Dominanz/Unterordnung (Abb. 42 und 44). Nach dem Fertigstellen der Tonfiguren (Aktionphase) werden die verschiedenen Kreationen, die ja nicht bloß Zufall sind sondern auch inneren Vorstellungsprojektionen entsprechen, besprochen und das in ihnen enthaltene projizierte Beziehungsverhalten deutlich gemacht. Wenn ein Paar unabhängig von einander diese Aufgabe löst, geben deren Figuren Hinweise auf das grundsätzliche Beziehungsverhalten eines jeden Partners unabhängig vom andern. Bei zu großen Diskrepanzen zwischen Nähe- und Distanzwünschen, ist eine intensive Auseinandersetzung und Bewußtmachung von Nähe-Distanz-Problemen nötig, um eine Partnerschaft auf die Dauer aufrechterhalten zu können. Therapeutisch ist alles geeignet, was beide Partner hinsichtlich Nähe-Distanz-Regulierung flexibler machen läßt. Das Ideal ist nicht die große Nähe oder die souveräne Distanz, sondern die Freiheit und Flexibilität zu erreichen, sich sowohl in größerer Nähe als auch in gewisser Distanz wohlzufühlen, d.h. sich sowohl intensiv einlassen zu können als auch wieder eher eigenständig sein zu können.

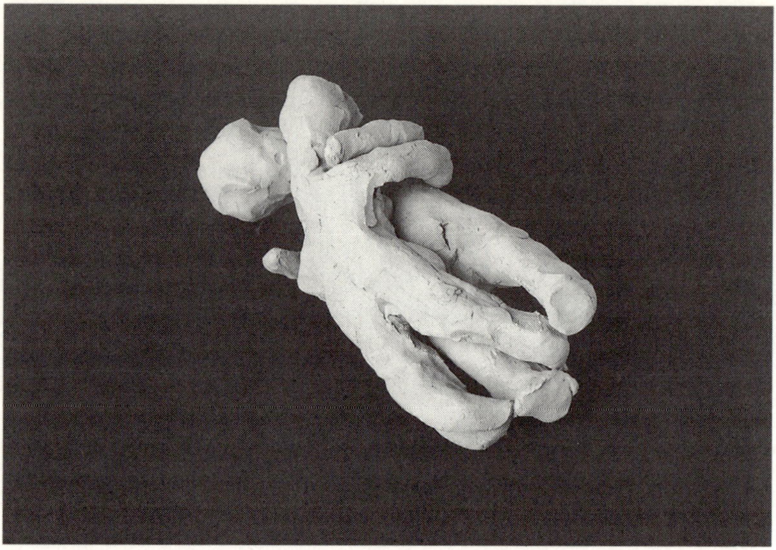

Abb. 37

Abb. 38

Abb. 39

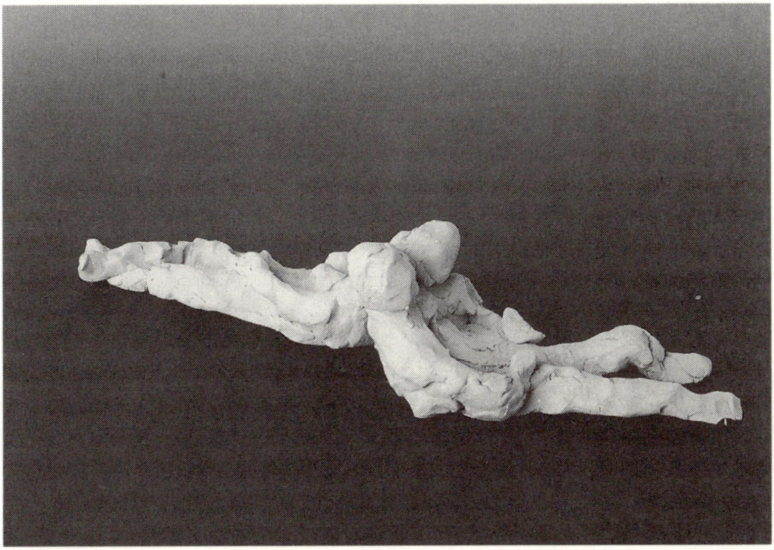

Abb. 40

Abb. 41

Abb. 42

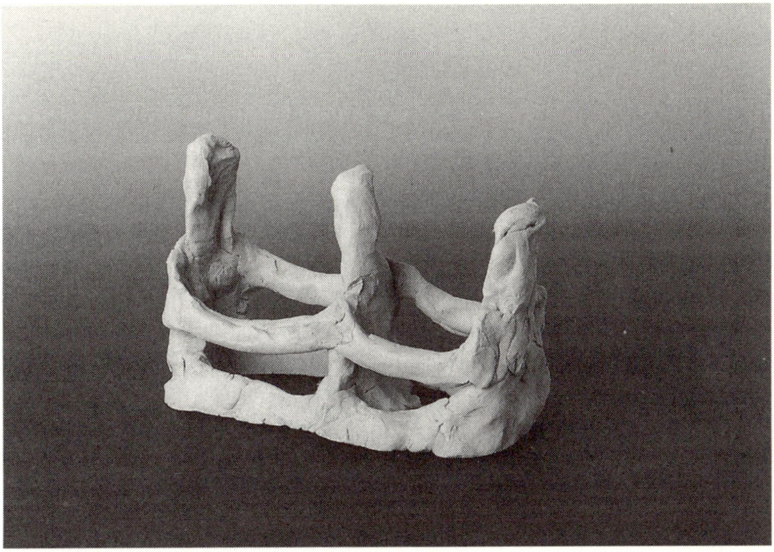

Abb. 43

Abb. 44

Abb. 37 - 44: Motiv: “Adam und Eva”

Kapitel 11

Heiterkeit in der Therapie und im Alltag

Was macht Patienten so ernst, in ihr Schicksal verstrickt, was zieht sie hinunter in bodenlose Trauer, hoffnungslose Ausweglosigkeit, in Resignation oder treibt sie gar zum Suizid? Im Rahmen verschiedener therapeutischer Schulen macht man sich diesbezüglich Gedanken und erarbeitet Konzepte. Diese reichen von den vorwiegend organisch bedingten und für vordergründig gehaltenen konstitutionellen und biochemischen Faktoren bis hin zu denen, die die Ursache der Traurigkeit vorwiegend in der sozialen oder psychischen Dimension sehen und darauf verweisen, daß der Patient selbst das Seine zum Depressivsein beiträgt.

Wie reagieren Therapeuten auf die drückende Stimmung schwer Depressiver, hoffnungslos Kranker, auf Patienten, die sich vom Schicksal besonders ungerecht behandelt fühlen? Eine sehr ehrliche Aussage ist die folgende: "Ich bin ausgebrannt. Alles ist so schwer und düster geworden, weil ich sehr schwierige Patienten habe." Ein anderer sagt: "Ich habe gemerkt, daß ich abends ausgepumpt bin, und daß dies weniger der Fall ist, wenn ich während der Arbeit mehr lachen kann." Ein weiteres Beispiel: "Manchmal werde ich wütend und habe das Gefühl, auch Anrecht darauf zu haben, die heitere Seite zu leben, nicht nur die Leidensseite der Patienten."

Was geschieht aber, wenn ein Therapeut mit seinen Patienten Spaß hat? Ein Kollege beschreibt das so: "Es ist schon vorgekommen, daß ich im nachhinein ein schlechtes Gewissen bekam, wenn ich mit Patienten Spaß gehabt habe." Und eine Therapeutin meinte: "Gelegentlich taucht in Paar- und Familientherapien Lustiges auf und tut dann auch gut. Im Grunde möchte ich lernen, dies bewußter handhaben zu können." Das alles sind bewußte Aussagen, die sich aus einem Erkennen der Problematik ergeben. Schwerwiegender und wahrscheinlich belastender für den Therapeuten ist die langsame Identifikation mit dem Schweren des Patienten, mit dessen bedrückender Situation, bis er über die Jahre selber innerlich und äußerlich vom Schweren gezeichnet ist: Sorgenfalten künden von weitem drückendes Unheil, und innerlich spürt der Therapeut, daß er seine einstige Heiterkeit merklich verloren hat. Hier stellt sich die Frage, muß das sein, und welche Auswirkungen hat dies auf die therapeutische Beziehung zu anderen Patienten?

Heiterkeit eröffnet den Zugang zu nicht genannten Wahrheiten

Heiterkeit besteht keineswegs in unpersönlichem Witzemachen. Witze gehen meistens auf Kosten anderer, brauchen ihre Opfer, sind hintergründig aggressiv und benötigen ein lachendes, auch zustimmendes Publikum. Unter Heiterkeit verstehen wir aber nicht nur den Humor im Sinne von Freud, "den Triumph des Lustprinzips gegen die Ungunst der realen Verhältnisse" also. Schon näher kommen wir der Heiterkeit, die wir meinen, wenn sich aus einer Intervention plötzlich eine positivere oder lustvollere Seite für den Klienten zeigt. Es handelt sich dann meistens um eine Intervention, die einer heiteren Stimmung (des Therapeuten) entspringt, und die im Kern eine bisher nicht genannte Wahrheit unerwartet trifft.

Diese Art von Humor hat keine Spitze, verletzt nicht, sondern hilft dem Patienten, eine neue, unerwartete Perspektive zu erkennen. Diese Art von Humor ist aber schwer erlernbar. Sie entspringt hoher Selbstaktualisierungstendenz (Rogers) und spontanem intuitivem Erfassen emotionaler Inhalte.

Wenn wir von therapeutisch wirksamer Heiterkeit sprechen, meinen wir vor allem eine Haltung. Eine Haltung, die das Ganze sieht und miteinbezieht. Etwa so wie im Märchen von der Alten, die den Tod narrte: Der guten Alten gelang es, Herrn (Tod) auf einem Pflaumenbaum festzuhalten. Zunächst schien dies ein erfreuliches Ereignis, bis die Todkranken, die nach dem Tode verlangten, immer mehr zu der Frau flehten, doch für alle den Tod wieder zugänglich zu machen. So haben die meisten Dinge ihre Kehrseite. Entsprechend sollten die heiteren Seiten einer dunklen Angelegenheit nicht außer acht gelassen werden: man sollte vielmehr versuchen, ihr auf die Spur zu kommen. Das Finden der Kehrseite wird durch eine Haltung grundlegenden Vertrauens in diese Welt und in den menschlichen Organismus begünstigt.

Die Chancen im Unglück sehen

Die Kehrseite zu sehen oder zu erkennen, wann und weshalb ein Unglück auch Glück bedeuten kann, fällt uns Menschen des westlichen Kulturkreises besonders schwer. Wir glauben immer allzu rasch, beurteilen zu können, ob etwas "gut" oder "schlecht" ist. Ganz anders jener chinesische Bauer, der ein Pferd kaufte, das ihm bald aus dem Stall entlief. Da kamen die Nachbarn und sprachen: "Du armer Bauer, du." Er aber sagte: "Vielleicht." Bald kam das Pferd mit einer Schar anderer wilder Pferde zurück. Da kamen die Nachbarn und sagten: "Du glücklicher Bauer, du." Der wiederum sagte: "Vielleicht." Da bestieg der Sohn des Bauern eines der jungen wilden Tiere, um es zu zähmen, fiel dabei zu Boden und brach sich das Bein. Da kamen die Nachbarn und erklärten: "Oh, armer Bauer, du." Der Bauer aber meinte erneut: "Vielleicht." Dann kamen Männer von der Militärbehörde und wollten den Bauernsohn zum Krieg einziehen, was aber nicht möglich war, weil er ein gebrochenes Bein hatte. Da kamen die Nachbarn erneut und sagten: "Du glücklicher Bauer, du." Und der Bauer erklärte ein weiteres Mal nur: "Vielleicht."

Die Kehrseite einer Situation, einer Stimmung, einer Krankheit, kann auf der jeweils gleichen Ebene gesehen werden (gleiche Seinsdimension). Oder die Ebene kann gewechselt werden. So kann beispielsweise ein Blinder extrem hohe Feinfühligkeit mit den Händen entwickeln und sich als Masseur besonders hervortun. Ein Erwachsener erinnert sich, daß er sich als Kind mit einer Tuberkulose von seiner Mutter trennen mußte, im Sanatorium aber entdeckte, daß das Lesen schön ist. Der Tod des Vaters vor zwei Jahren wird zunächst als eine traurige Tatsache ohne jegliche Kehrseite betrachtet. Mit der Zeit aber erkennt die Frau, daß sie sich durch den Tod ihres Vaters selber vermehrt mit dem eigenen Tod auseinandergesetzt hat, und dadurch auch für sie der Tod des Vaters einen besonderen Sinn erhielt. Rückblickend wäre man allerdings oft versucht zu fragen, wie hoch denn der Preis war, der für die Erkenntnis bezahlt werden mußte, wie hoch, um den Chancenanteil einer Krise wahrzunehmen. In allen Situationen geht es also darum zu erkennen, wie in einer schwierigen Situation wirklich geholfen werden kann, und mehr noch, wie eine als ausweg- und hoffnungslos eingeschätzte Lage eigentlich gleichzeitig als glücklich betrachtet werden kann.

Was ist dem Leidenden und dem Therapeuten am meisten hinderlich, die Kehrseite, das Glück im Unglück, zu erkennen, aufzuspüren und zu nutzen?

Als naheliegendes psychologisches Hemmnis ist in diesem Zusammenhang die Erziehung zum Ernst des Lebens zu nennen. So berichten Patienten etwa, daß man ihnen schon als Kind verboten hat, laut zu lachen, herumzualbern, zu kichern. Patienten erinnern sich oftmals an Erziehungsmottos wie "Übermut tut selten gut", "Jetzt bist du so ausgelassen, und dann plötzlich weinst du wieder", oder sie erinnern sich an Sprüche, die das Lachen verunglimpfen: "Die Dummen lachen immer", "Am Lachen erkennt man den Narren".

Nicht nur die Erziehung, auch ein stressiger Alltag kann das fröhliche Element im Menschen, sein "freies Kinder-Ich", sein "Kinderlachen", sein "inneres, naives, ungläubiges Strahlen", kurz: die Lebensfreude verschütten. Oftmals ist es auch eine innere Unbeweglichkeit im Denken, ein Fixiertbleiben auf Vorstellungen, wie man selbst oder die anderen sein, wie sie denken, fühlen und handeln sollten. Das Denken in starren Vorstellungen und Normen geht oft einher mit der Meinung, die Welt bzw. man selbst und die anderen Menschen um einen herum würden sich nicht ändern. Dann fühlt sich der Mensch in der Falle. Im Grunde aber ist er von seinen eigenen starren Vorstellungen gefangen und versteht nicht, daß die Welt, vor allem auch die Welt der Gefühle, einer immerwährenden Veränderung unterworfen ist, die die Probleme bereits nach kurzer Zeit wieder anders erscheinen läßt.

Oft übersieht man also die Zeitperspektive, verfängt sich in einer bestimmten einseitigen Perspektive. Beziehen wir alle Perspektiven ein, tun sich meistens Möglichkeiten auf, auch die heiteren Seiten einer Problematik zu sehen. Nicht nur das Sichverfangen in der Seinsdimension der Zeit oder den Vorstellungen (psychologische Seinsdimension), sondern überhaupt das Fixiertsein auf eine besondere Dimension, das Unfähigwerden, von einer Seinsdimension zur anderen zu shiften, trägt dazu bei, daß ein Problem immer schwerer wird und zu dessen Lösung immer weniger Ressourcen (auch aus anderen Seinsdimensionen) zur Verfügung stehen. In der Körperzentrierten Psychotherapie IKP legen wir daher auf Ganzheitlichkeit, also den Einbezug verschiedener Seinsdimensionen in die Therapie, besonderen Wert (vgl. anthropologisches Würfelmodell: Abb. 9 etc.).

Heiterkeit beeinflußt Körperbewußtsein und Immunsystem

Kurz sei auch darauf hingewiesen, daß die psycho-physiologischen Wirkungen der Heiterkeit und des Lachens recht ausgeprägt sind. Heiterkeit verändert das Körperbewußtsein im Sinne des sich Leichterfühlens. Umgekehrt können bestimmte Übungen, wie etwa Hüpfen, zu mehr Heiterkeit beitragen. Beim Lachen lockert sich das Zwerchfell, das bei Personen mit seelischen Störungen oft verkrampft ist. Durch diese Entspannung kann dann besser oder auch tiefer durchgeatmet werden. Gleichzeitig wird der Lymphfluß angeregt, das heißt, das gesamte Herz-Kreislauf-System wird mobilisiert. Dies führt zu erhöhtem Wohlbefinden und ist prophylaktisch wirksam, soll doch Heiterkeit auch das Immunsystem stärken.

Wenn wir hier von Heiterkeit und von der Kehrseite problematischer Situationen gesprochen haben, geht es nicht darum, die schwere Seite in der Therapie zu übersehen. Es versteht sich, daß Trauerprozesse wie alle anderen emotionellen Erfahrungen verarbeitet werden müssen, Trauer also voll und bewußt erlebt, nicht etwa verdrängt und abgewehrt werden soll. Es geht hier nur darum, nicht mit dem Patienten in der Trauer steckenzubleiben. Der Betroffene ist selbstverständlich dort "abzuholen", wo er sich befindet, jedoch nicht dort zu "belassen", wo er ist. Sein Auftrag an den Therapeuten ist es ja, die Stimmung zu verbessern, das heißt, ihn aus der Schwere zu mehr Leichtigkeit zu bringen.

Wer erträgt Heiterkeit besonders schlecht?

Es gibt Menschen, die auf alles, was in Richtung Heiterkeit geht, stark reagieren, weil sie Angst haben, sie könnten mittels Humors zum Narren gehalten werden. Es kann bereits ein Lächeln des Therapeuten derartige Ängste auslösen. Sie müssen dann auf ihren Ursprung hin verfolgt und in der Regression therapeutisch bearbeitet werden. Es versteht sich, daß vor allem bei narzißtisch Gestörten derartige Ängste auftreten oder bei psychotisch Kranken sowie bei hysterisch agierenden Depressiven, die im Laufe ihres Lebens oft eine Opferposition einzunehmen hatten. Sie wehren sich mit allen Mitteln dagegen, wenn ihnen jemand die positive Seite einer Problematik schildert, da sie dann Gefahr laufen, ihre Identität als “Opfer” zu verlieren. Diese Opferhaltung, die gelegentlich verbunden ist mit einem Wechsel in die Retter- oder auch die Verfolgerrolle, muß dem Patienten deutlich gemacht werden.

In diesem Sinne sind auch Patienten, die zu masochistischen Verhaltensweisen neigen, gefährdet, Heiterkeit falsch zu verstehen. Im übrigen sind es vor allem charakterlich erstarrte, gelegentlich auch zwanghafte und unbewegliche Persönlichkeiten, die ihre Mühe haben im Umgang mit Leichtigkeit und Heiterkeit. Sie aus ihrer Verkrampfung zu lösen, ist nicht immer leicht. Da seelische und körperliche Verspannung meist miteinander verknüpft sind, verwenden wir in unserer Therpie häufig neben dem therapeutischen Gespräch lösende und lockernde Körperinterventionen. Bei einer Erfahrungsübung in Rückenlage, bei der Diaphragma (Zwerchfell) und Thoraxmuskulatur gelockert werden, beginnen Patienten oft, spontan zu lachen. Entspannung und sich locker fühlen sind psychophysisch wichtig.

Beim Erreichen der Heiterkeit für den Therapeuten und die Patienten müssen verschiedene Blockierungen gelöst werden, da sonst die emotionelle Befreiung (hin zur Heiterkeit) nicht stattfinden kann. Es geht um die Bearbeitung verinnerlichter Erziehungsmottos, das Wechseln der Zeitperspektive, das Erkennen von zu engen Blickwinkeln und Fixiertheiten in bestimmten Seinsdimensionen, sei es in der sozialen, der körperlichen oder psychischen.

Kapitel 12

Der Anspruch der Ethik in der Körperzentrierten Psychotherapie

Unter Ethik verstehe ich eine methodisch-reflexive Analyse therapeutischer Handlungen unter moralischem Gesichtspunkt.

In der psychotherapeutischen Ethik geht es einerseits um das Ethos bzw. die Pflichten des Therapeuten und andererseits um die Menschenwürde und Rechte des Klienten. Beide, Therapeut und Klient sind grundsätzlich, sei dies beruflich oder privat, als Menschen im christlichen Verständnis der Ethik aufgerufen, sich von der Person, die sie sind, zur Persönlichkeit zu entfalten. In diesem Entfaltungsprozeß ist die Würde des Menschen begründet. In diesem Entwicklungsprozeß gibt es nun Entwicklungsbeeinträchtigungen, die mehr in der körperlichen, psychischen, sozialen, wesensmäßigen Seinsdimension (vgl. anthropologisches Würfelmodell, Maurer 1987) liegen können und zu psychosomatischen und psychischen und nicht nur zu körperlichen Störungen führen können. In einem derart komplexen Geschehen, wie es die Interaktion zwischen zwei sich auf dem Wege zur Entfaltung befindenden Persönlichkeiten darstellt (Therapeut und Klient), ist es unmöglich, völlig starre Regeln für das Handeln und Verhalten zu fixieren. Es ist vielmehr weise, möglichst das gesamte Menschsein bzw. das Verhalten zu betrachten und dann die langfristig beste Lösung zu suchen und zu verwirklichen.

Es gehört zur Ethik der Psychotherapie, daß angehende Psychotherapeuten sich auch mit diesen, zum Wesensbereich gehörenden Fragen therapeutischer Ethik auseinandersetzen und in ihrer Ausbildung an ethisches Handeln gewöhnt werden bzw. sich dieses in ihrer Ausbildung aneignen.

Auftragsverhältnis

Wenn eine Person zum Psychotherapeuten kommt, handelt es sich zunächst um ein Auftragsverhältnis. Es geht um eine Dienstleistung, allerdings um eine besondere Art von Dienstleistung, da diese ganz Persönliches betrifft und auch nur auf eine persönliche Art und Weise erbracht werden kann. Zu Beginn der Behandlung und auch im

Verlaufe derselben ist die Klarlegung des gemeinsam besprochenen Veränderungsziels des Klienten wichtig, damit der Auftrag möglichst genau wahrgenommen werden kann. Dadurch wird der Patient davor geschützt, vom Therapeuten auf ein bestimmtes Ziel des Menschseins hin vergewaltigt zu werden. Auch der Therapeut wird dadurch geschützt, daß ihm dieser Vorwurf nicht gemacht werden kann.

Die Praxis zeigt, daß das Veränderungsziel am Anfang nicht immer ganz deutlich bekannt ist oder sich viele Zwischenziele aufdrängen. Es kommt beispielsweise jemand mit Ängsten in die Sprechstunde und das Veränderungsziel heißt dann selbstverständlich, ohne Ängste leben zu können. Es wird dann konkreter, wenn wir wissen, in welchen Zusammenhängen diese Ängste auftreten und wie der Klient sich diese Ängste macht. Im Verlaufe der Behandlung kann sich dann zeigen, daß der Klient zu wenig Selbstvertrauen hat. Das Zwischenziel kann dann sein, dieses Selbstvertrauen zu verstärken. Gelegentlich kommt es vor, daß in jeder Stunde wieder neu ein derartiges Zwischenziel formuliert werden muß. Es wird dann selbstverständlich darauf geachtet, daß diese Zwischenziele der anfänglichen Hauptzielsetzung nicht widersprechen.

Beziehungsfähigkeit des Therapeuten als Teil des Auftragsverhältnisses

Die Behandelnden sollen fähig sein, eine gute Beziehung zu ihren "Auftraggebern" aufzubauen, zu unterhalten und auf dieser Grundlage den an sie gerichteten Auftrag zu erfüllen. Zu einer guten Beziehungsfähigkeit gehört um die eigenen *Gegenübertragungstendenzen* zu wissen, sich diese bewußt zu machen und so damit umgehen zu können, daß sie sich in der Therapie nicht störend auswirken. Die persönliche Beziehungsfähigkeit ist daher besonders wichtig, weil sie wie im Falle der Psychotherapie die Grundlage zur Erfüllung des Auftragsverhältnisses darstellt. Um ein Auftragsverhältnis zu wissen, ist aber ebenfalls wichtig, weil der Klient infolge Übertragung die Beziehung zum Therapeuten stärker in den Vordergrund rücken und so das Auftragsverhältnis aus den Augen verlieren kann. Dennoch muß deutlich bleiben, daß der Klient nicht primär wegen der Beziehung zum Therapeuten in die Behandlung kommt, dies nur Mittel zum Zweck ist bzw. die lebendige Beziehung in der Psychotherapie auch immer im größeren Rahmen des Auftragsverhältnisses verstanden werden soll. Zweck meint in diesem Fall die Annäherung oder die Erreichung des oder der vereinbarten Veränderungsziele.

Um die Beziehungsfähigkeit aber auch von Seiten des Klienten zu gewährleisten, bedarf der Therapeut u.a. wegen der sogenannten Übertragungen methodischer Kenntnisse und Techniken.

Methodisches Wissen und Können

Es gehört mit zur Ethik des Therapeuten, sich methodisches Wissen und Können angeeignet zu haben, um seinen Klienten auf die wirksamste und schnellste Art helfen zu können, das gemeinsam besprochene Veränderungsziel zu erreichen. Ich betone hier das "gemeinsam besprochene", weil in der Psychotherapie nicht einfach an einer Symptomabnahme gearbeitet werden kann, sondern mangelnde Strukturen im sozialen, psychischen, körperlichen, wesensmäßigen Bereich aufgebaut werden müssen, um dieses Ziel zu erreichen. Darüber soll der Klient aber informiert und auch motiviert werden, dieses Veränderungsziel im größeren Rahmen zu akzeptieren, um das Veränderungsziel im engeren Sinn, das Symptom, verbessern zu können.

Wachstum in allen Seinsdimensionen fördern

Da die grundlegende Ethik ist, die eigene Persönlichkeit und diejenige des anderen zu fördern und zu entwickeln, müssen auch alle psychotherapeutischen Prozesse letzlich in diese Richtung gehen. Sträubt sich ein Klient dagegen und will nur eine Symptomabnahme erreichen, ist er darauf aufmerksam zu machen, daß dies ein Auftrag ist, der zwar entgegengenommen oder gar erfolgreich ausgeführt werden kann, der dadurch aber eine ethische Anforderung an ihn möglicherweise übersieht und ihn eine Chance, am Problem zu wachsen, verpassen lassen kann.

Zu diesen verpaßten Chancen kann auch gehören, ungenügend in Kontakt zu kommen mit den eigenen Ressourcen der verschiedenen Seinsdimensionen, die Hilfestellungen auch für spätere Probleme bringen könnten.

Gemäß dem Würfelmodell (Maurer, 1987) entstehen psychische und körperliche Störungen nicht nur durch Störungen innerhalb der verschiedenen Seinsdimensionen, also nicht nur weil im körperlichen oder sozialen etc. Bereich eine Störung vorliegt, sondern auch deswegen, weil Einseitigkeiten (und Disharmonien) zwischen den Seinsdimensionen bestehen.

Ein ganzheitlicher Therapieansatz, wie ihn die Körperzentrierte Psychotherapie IKP darstellt, ist daher bemüht, bei irgendeiner Störung auch die Gesamtheit der Seinsdimensionen zu betrachten und therapeutisch - wenn nötig - anzugehen. Die ethische Betrachtungsweise bezieht sich selbstverständllich sowohl auf das Gesamte der Seinsdimensionen, als auch auf jede einzelne Seinsdimension. Ethisches Verhalten heißt daher, jede Seinsdimension in ihrer Entfaltung zu fördern, die Potentiale des Klienten und seine Bedürfnisse zu berücksichtigen, ihn aber auch zu lehren, seine Grenzen an den Bedürfnissen des anderen zu finden. Dies gilt sowohl für den körperlichen, als auch für den sozialen Bereich ebenso wie für den psychologischen und den wesensmäßigen Bereich.

Für mich ist es beispielsweise unstimmig, wenn ein Mensch, der in einer festen Beziehung mit Familienbindung lebt, gegen den Willen seines Partners seinen Wesensbereich extrem ausdehnt auf Kosten des sozialen und psychologischen Bereichs, den er mit dem Partner teilt. Ich denke etwa an einen Familienvater, der seine sozialen Verpflichtungen und seine affektive Bindung zur Familie immer mehr in den Hintergrund zu stellen beginnt, um sich auf einen höchst engen, spirituellen Weg zu begeben, so daß er schließlich in einer Welt für sich fern ab von Essens- und Lebensgewohnheiten der Familie lebt und dies entgegen dem Willen der Familie. Dies mag für ihn ein hohes ethisches Ideal sein. Aus der Sichtweise der Ganzheitlichkeit aber muß dieses als ethisches Ideal abgelehnt werden, da es einseitig ist und zu Störungen vielfältiger Art führt, sowohl in der Familie als auch schließlich beim Experimentierenden. Ebensolche Einseitigkeiten können genauso in anderen Seinsdimensionen vorkommen. Das Schöne an einem ganzheitlichen Ansatz ist, daß er nicht zu extremem Fanatismus führt, der schon immer in dieser Welt und in den Beziehungen Unheil angerichtet hat.

Ich will damit sicherlich nicht sagen, daß zu gewissen Zeiten im Leben gewisse Seinsdimensionen im Vordergrund stehen und es charakteristisch ist für die Unterschiede zwischen den Menschen, daß sie ihre Seinsdimensionen unterschiedlich ausgeprägt leben. Trotz allem halte ich dafür, daß eine gewisse Ausgewogenheit zwischen den Seinsdimensionen Grundlage gesunder menschlicher Entfaltung und gesunden Lebens für das Individuum, Partnerschaften, Familien und unsere Gesellschaft ist.

Grenzen in der psychotherapeutischen Arbeit

Weil Psychotherapie ein so persönliches Auftragsverhältnis beinhaltet, drängt sich auch die Frage auf, wo die Grenzen im psychischen und im körperlichen Bereich sind. Diese Frage ist umso deutlicher zu beantworten, als ein wesentliches Grundkonzept der Körperzentrierten Psychotherapie IKP die Bedürfniszentriertheit beinhaltet. Bedürfniszentriertheit heißt nicht nur, daß der eine Partner Bedürfnisse hat, sondern daß seine Bedürfnisse auch Grenzen finden an den Bedürfnissen des anderen. Diese Grenzen gelten auch in der psychotherapeutischen Beziehung sowohl für den Klienten wie auch für den Therapeuten. Noch ist dies zu allgemein formuliert. Es gibt sehr viele methodische Situationen, in denen auf Bedürfnisse eingegangen werden muß, vor allem wenn es sich um regressive Bedürfnisse des Klienten handelt, wo ein elterliche Geborgenheit spendendes Nachnähren in Regression erforderlich ist. Es gibt aber auch Bedürfnisse des Klienten auf der Erwachsenenebene, auf die nicht eingegangen werden darf, weil er sonst in seinem übrigen sozialen Entwicklungsprozeß gehemmt wird. Wichtig ist, daß der Klient umso mehr Grenzen finden kann, als der Therapeut selbst fähig ist, sich abzugrenzen. Wenn ein Therapeut einem Klienten auch zwischen den Stunden immer wieder in der Fantasie nachhängt, deutet das auf eine verminderte Abgegrenztheit hin, was es einem Klienten dann auch viel schwerer macht, sich selbst abgrenzen zu können.

In einer ganzheitlichen Psychotherapieform, die Körperarbeit und Berührung einbezieht, ist auch die Frage nach der Grenze im körperlichen Bereich zu stellen. Die Körperzentrierte Psychotherapie IKP hat ja das Nähe-Distanz-Konzept als Grundkonzept. Dies besagt, daß es keine starren Normen geben sollte, wieviel Nähe und Distanz optimal ist, sondern daß es um die innere Freiheit geht, zwischen Nähe und Distanz den Umständen entsprechend frei wählen zu können. Wenn wir von psychischen und körperlichen Grenzen sprechen, ist auch die Frage zu stellen, inwiefern eine Intimität auf der erotisch-sexuellen Ebene in der Psychotherapie ethisch zu beurteilen ist. Auch diese Frage muß erneut unter dem Aspekt des Auftragsverhältnisses geprüft werden. Meist wird dann klar, daß der Auftrag ein anderer war. Der Therapeut hat die Verantwortung dafür zu sorgen, daß der Auftrag erfüllt wird und nicht daß das, was im Grunde ein Vehikel der Psychotherapie ist, die Beziehung, eine Eigendynamik erhält. In diesem Sinne bedarf der Klient eines Schutzes, weil er von unbewußten Wünschen und Bedürfnissen möglicherweise überschwemmt wird und diese nicht mehr steuern kann. Daher geht es auch nicht um die formale Situation: Es geht nicht an, daß eine Therapie abgebrochen wird, damit anschließend Therapeut und Klient mit den entstandenen Beziehungswünschen außerhalb des Vertragsverhältnisses freier umgehen zu können. Nun zurück zur Frage, ob die Aufnahme eines intimen sexuellen Verhältnis eines Therapeuten bzw. einer Therapeutin mit Ratsuchenden ein Kunstfehler sei. Je länger wir uns mit dem Thema befassen, desto mehr müssen wir zur Einsicht kommen, daß die Aufnahme einer sexuellen Beziehung in einem Therapieverhältnis genauso ein Kunstfehler ist, wie das ungenügende Eingehen des Therapeuten auf sexuelle Probleme des Klienten.

Die menschliche Erotik und die Sexualität haben in jeder Seinsdimension eine besondere Funktion. Auf der psychischen Ebene sind sie Ausdruck von Liebe, Freude und Lust, auf der wesensmäßigen Ebene Ausdruck des sich aus dem eigenen engen Ich hinüber zum Du, zum Wir Begebens, sich zu entgrenzen, auf der sozialen Ebene intensivieren und festigen sie Beziehungen und auf der körperlichen Ebene sind sie ein intensiver Energie- und Kräfteregulator und greifen als solche auch stark in das vegetative Nervensystem ein. Eine generelle Blockierung oder Verdrängung erotisch-sexueller Bedürfnisse hat daher bei den meisten Menschen in den genannten Bereichen ungünstige Folgen.

Weshalb *Nein* zu sexuellen Übergriffen in der Therapie?

Gerade weil die Sexualität eine wesentliche Rolle im Leben eines Klienten spielt, ist es ein Übergriff, wenn der Therapeut diesen Bereich auf sich lenkt oder lenken läßt, statt zu zeigen, wie der Klient damit sein eigenes Leben in den oben genannten verschiedenen Seinsdimensionen bereichern und meistern kann.

Frühkindliche Defizite äußern sich in einer Therapie übrigens öfters als sexuelle Wünsche, die bis zum erotisch-sexuellen Anmachen des Therapeuten gehen können. Auch das macht deutlich, daß ein Sich-einlassen auf der sexuellen Ebene die Grundproblematik der frühkindlichen Störung (mit der Folge von Depression, narzißtischer Gestörtheit, psychosomatischen Problemen) übersehen und die

Therapiechance verpassen hieße. Die genannten Störungen bedürfen vielmehr des nachnährenden, Geborgenheit spendenden Gesprächs und der in Regression stattfindenden sanften, elterlichen, fürsorglichen Berührung.

In der Ausbildung erwirbt der Therapeut die Fähigkeit, Verliebtheiten von seiten des Klienten auf derartige Mangelerlebnisse hinsichtlich vertrauensspendender hautnaher Berührung in der Kindheit zu erkennen. Er hat auch die Verpflichtung, diese Lücken beim Klienten durch geeignete körperliche Vertrauensübungen, auch durch Massage, den Körper berührende Atemtherapie und durch andere regressive Übungen füllen zu helfen. Dieses Aktionsfeld und diese Verpflichtung helfen dem Therapeuten dann auch, weder in sexuelle Fantasien in seiner Gegenübertragung zu geraten, noch das Thema körperlicher Nähe und Intimität durch harte und zu frühe Grenzziehung seinerseits ("Sie sind in mich verliebt, aber Sie müssen wissen, daß ich nicht mit Ihnen schlafen werde.") zu tabuisieren und den Klienten durch nicht prozeßgemäßes Arbeiten zu verletzen. Ich halte derartige Verletzungen für einen ebenso großen Kunstfehler wie das sich Einlassen mit einem Klienten in sexueller Hinsicht.

Es gehört auch zur Kompetenz des Therapeuten, die er sich in seiner Ausbildung aneignen muß, die verschiedenen anderen Möglichkeiten zu kennen, die zu einer Sexualisierung der Beziehung führen können. Hier wären die verkappten Machtprobleme des Klienten zu nennen: durch die Intimität, das Gefälle zwischen dem Therapeuten und sich ausebnen oder die Wiederholung der Inzestsituation etc. Ich denke auch an diejenigen, die sich auf den Therapeuten fixieren und dem Aufnehmen von neuen sozialen Kontakten, die sich freundschaftlich vertiefen könnten, Widerstand entgegen bringen.

Zur Übertragung und Gegenübertragung des Therapeuten

Nun wurde bereits viel von der Übertragungssituation gesprochen und noch wenig von der Situation der Gegenübertragung des Therapeuten. Wie eingangs erwähnt, gehört es ja zur Beziehungsfähigkeit des Therapeuten, seine Gegenübertragungsmuster zu kennen. So sollte jeder Therapeut von sich wissen, wie er sich verliebt. D.h., ob er sich verliebt, wenn jemand visuell auf ihn wirkt, einen attraktiven Körper hat, ein väterliches oder mütterliches Verhalten zeigt oder wenn er ihn bewundern kann, seinen kindlichen

Eros spürt, seinen Helfersinn anregt oder er transzendentes Mitschwingen verspürt etc. Bei der Verliebtheit geht es ja oft auch um Anteile, die wir zuwenig in uns selbst entwickelt haben und in anderen finden, was uns dann fasziniert oder Anteile, die wir verdrängt haben und dann auf andere projezieren.

Eine Gegenübertragung muß aber nicht unbedingt in Richtung Verliebtheit gehen, sondern kann, wie oben wiedergegeben, auch in Richtung verbaler (oder nonverbaler) Zurückweisung gehen. So können unbewußte erotisch-sexuelle Wünsche des Therapeuten zu Angst vor Nähe, zu abweisender Distanziertheit führen, auch zum Ausklammern des Themas Sexualität. Auch Unsicherheiten in der persönlich gelebten Sexualität des Therapeuten und nicht bewußte, verdrängte homosexuelle Neigungen können in der Therapie zum Problem werden, vor allem wenn sie für den Klienten eine Realität darstellen. So wurde beispielsweise in der Supervision einer Therapeutin deutlich, daß für sie homosexuelle Neigungen gefühlsmäßig kein Thema sind. Sie empfand daher eine Klientin, die symbiotische Wünsche an sie herantrug als "eklig". Diese symbiotischen Wünsche der Klientin stießen in ihr verdrängte lesbische Neigungen an, zu denen sie keinen bewußten Zugang hatte und die verantwortlich waren für den inneren Widerstand, den die Therapeutin der Klientin in ihrer Gegenübertragung entgegenbrachte. Interessant war, daß nachdem sie sich mit ihren eigenen unbewußten Anteilen auseinandergesetzt hatte, sie diese besser integrieren konnte. Das Ekelgefühl der Klientin gegenüber verschwand und die therapeutischen Fortschritte der Klientin nahmen rapide zu.

Ähnliches gilt für alle anderen Gefühlstendenzen. Daher sind wir auch der Meinung, daß eine Selbsterfahrung unbedingt zur Ausbildung des Psychotherapeuten gehört.

Sexualität als Thema in der Therapie

Speziell wenn Klienten mit sexuellen Problemen zur Therapie kommen, kann die Versuchung zur "intimen" Hilfestellung beim Therapeuten entstehen. Meist aber nur dann, wenn der Therapeut sich nicht genügend in der Therapie sexueller Störungen ausgebildet hat (vgl. entsprechende IKP-Seminare). Es gilt bei sexuellen Störungen ja zunächst zu unterscheiden zwischen: überschießendem, aktiv oder passiv erlebtem (Inzest) Sexualverhalten oder aber gehemmter Sexualität (Frigidität, Impotenz, etc.) oder Rückzug des Sexualpartners mit entsprechender Frustration. Für alle diese Situationen gibt es viele Möglichkeiten, Störungen zu lindern und zu beheben, ohne daß es zu intimen Kontakten zwischen Therapeut und Klient kommen muß (vgl. Kap. 10).

Ethische Erfahrungen mit dem ganzheitlichen Therapieansatz der Körperzentrierten Psychotherapie IKP

Der Außenstehende denkt vielleicht, daß es in einer ganzheitlichen Psychotherapieform, in der auch Körperberührungen vorkommen, schwieriger ist, die Grenzen zum sexuellen Bereich hin einzuhalten. Wer mit Körperarbeit selber Erfahrungen gesammelt hat und auf diesem Gebiet seriös ausgebildet wurde, macht aber eine umgekehrte Erfahrung, nämlich daß vehemente Verliebtheiten von seiten der Klienten viel weniger auftreten als bei reinen Gesprächstherapien. Daß dies so ist, hängt wohl damit zusammen, daß unbewußte Fantasien, Wünsche und Sehnsüchte durch Körperarbeit rasch in die Gesamtpersönlichkeit integriert werden können. Durch das Nachnähren im regressiven Zustand erwerben sich frühkindlich Gestörte auch einen Boden, der sie in sich selbst festigt und sie nicht erneut entweder allein sein oder symbiotisch sich in der Beziehung aufgeben läßt.

Gerade weil wir die Körperarbeit in unsere ganzheitliche Therapieform miteinbeziehen, wagen es Klienten eher, intime, auch sexuelle Sorgen und Probleme einzubringen. Es ist, als ob sie das Vertrauen haben, daß für Körperzentrierte Psychotherapeuten nicht nur der körperliche, sondern auch der erotisch-sexuelle Bereich mit entsprechenden Fantasien und Erlebnissen kein Tabu ist. Sie erwarten dann auch, daß Körperzentrierte Psychotherapeuten ihnen kompetent helfen, ihren Körper und ihre Sexualität in die Gesamtpersönlichkeit und ihr Privatleben ethisch sinnvoll zu integrieren. Therapeutenpersönlichkeiten mit guter eigener Integration im sexuellen und körperlichen Bereich sind dazu fähig, den Körper des Klienten als therapeutische Ressource in die Therapie einzubeziehen, ohne eigene Bedürfnisse in die Therapie einbringen zu müssen, was ein Kunstfehler wäre. Daher wird auch auf die genannte Integration der angehenden Therapeuten im Rahmen der Ausbildung am IKP großer Wert gelegt.

Bibliographie

Alexander, G.: *Eutonie*. München, 1986

dies.: *Eutonie nach Gerda Alexander*. In: B. Stokvis und E. Wiesenhütte (Hrsg.): Der Mensch in der Entspannung. 3. Aufl., Stuttgart, 1971

Bergson, H.: *Eassai sur les données immédiates de la conscience*, 1899

Berne, E.: *Spiele der Erwachsenen*. Reinbek, 1970

ders.: *Transactional Analysis in Psychotherapy*. N.Y. 1961

Boss, M.: *Der Traum und seine Auslegung*. Bern, 1953

Brooks, Ch.: *Erleben durch die Sinne*. Paderborn, 1979, 17 - 211

Bürgin, D.: *Die Weiterentwicklung der Störungen beim Kind im psychoaffektiven, -sozialen und -somatischen Bereich*. Vortrag, Tagung der Schweiz. Gesellschaft für Psychiatrie (SGP), 1990

Casanova Waser, C.: *Marathon u. Körperzentrierte Psychotherapie IKP*. Diplomarbeit am Institut für Körperzentrierte Psychotherapie, IKP, Zürich, 1991

Crasilneck, H.B.: *A follow-up study in the use of hypnotherapy in the treatment of Psychogenic impotency*. Am J. Clin. Hypn. 25, 1982, 52 - 61

DSM-III-R: *Diagnostische Kriterien und Differentialdiagnosen psychischer Störungen der amerikanischen psychiatrischen Gesellschaft*. Washington DC, 1987 bzw. Basel, 1989

Dürckheim, K. Graf: *Übung des Leibes auf dem inneren Weg*. München, 1978

ders.: *Vom doppelten Ursprung des Menschen*. 5. Aufl., 1979

Feldenkrais, M.: *Abenteuer im Dschungel des Gehirns*. Frankfurt/Main, 1981

Feldmann, H.: *Kompendium der medizinischen Psychologie für Studierende und Ärzte*. Basel, 1983

Freud, S.: *Abriß der Psychoanalyse (1938)*, G. W., Bd. XVII. Jmago, London, 1941

ders.: *Die Symbolik im Traum*. Studienausgabe 1916, Bd. 1, Frankfurt 1982

Guntern, G. (Hrsg.): *Die Transformation von Humansystemen*. Isostiftung, Brig, 1981

Haley, J.: *Ablösungsprobleme Jugendlicher*. München, 1983

Heim, E., Blaser, A. et al.: *Problemorientierte Psychotherapie*. Bern, 1992

Herzka, H. S.: *Der Arzt als Therapeut der Medizin.* Schweiz. Ärztezeitung Bd. 70, 10, 1989, S. 393 - 396

Hobi, V.: Referat gehalten am 22.9.1990 am 2. Intern.Kongreß für Körperzentrierte Psychotherapie in Zürich

Jung, C. G.: *Bewußtes und Unbewußtes.* Frankfurt/M.

ders.: Ges. Werke, 18 Bd. Zürich-Olten 1958 - 1977

Kaplan, L.: *Das Mona Lisa Syndrom - Männer, die wie Frauen fühlen.* Düsseldorf, 1990

Koukkou, M.: *Hirnmechanismen normalen und schizophrenen Denkens.* Berlin, 1987

Liley, A.: *The fetus as a personality.* Australian and New Zealand J.of Psychiatry, 6, 1972, 99 - 105

Lowen, A.: *Bioenergetik.* München 1987

Lowen, A., Lowen, L.: *Bioenergetik für jeden.* München, 1979

Marcel, G.: *Sein und Haben.* 2. Aufl. Paderborn, 1987

ders.: *Die Menschenwürde und ihr existentieller Grund.* Frankfurt, 1965

Maslow, A.: *Motivation und Persönlichkeit.* Olten, 1977

ders.: *Psychologie des Seins.* Frankfurt/M. 1985

Mason, W. A., Berkson, G.: *Effects of Maternal Mobility on the Development of Rocking and Other Behaviors in Rheses Monkeys.* Developmental Psychobiology 8 (3): 1975, 197 - 211

Masters, W. und Johnson, V.: *Die sexuelle Reaktion.* Reinbek, 1989, S.20f

Masunaga, S. und Ohashi, W.: *Zen/Shiatsu.* Japan Publications Inc., Tokyo, New York 1986, S. 122 - 124

Maurer, Y.: *Physikalische Therapie in der Psychiatrie.* Physio- und Bewegungstherapie: ein Weg zur psychischen Gesundheit. Bern, 1979

Maurer, Y. (Hrsg.): *Bedeutende Psychotherapieformen der Gegenwart.* Stuttgart, 1985

dies.: *Körperzentrierte Psychotherapie.* Behandlungskonzepte, Erfahrungen, Beispiele. Hippokrates, Stuttgart 1987, 2., erweiterte Aufl. 1993 (a)

dies.: *Physiologische Grundlagen für den Zugang zum Unbewußten über den Körper.* Vortrag gehalten am 2. Int. Kongreß für Körperzentrierte Psychotherapie, Zürich 1990

dies.: *Physikalische Therapie in der Psychiatrie.* Physio- und Bewegungstherapie: ein Weg zur psychischen Gesundheit, Bern 1979 dies.: *6-Phasenmodell der Körperzentrierten Psychotherapie IKP zur Behandlung psychosomatischer Störungen.* In: TW (Therapiewoche) Neurologie Psychiatrie Schweiz 1 (1) 1990, 60 - 63

dies.: *Körperzentrierte Psychotherapie IKP*: Umgang mit ganzheitlich definierter Übertragung mittels körperzentrierter Interventionen. In: Körperpsychotherapie oder die Kunst der Begegnung, Berlin 1992

dies.: *Durch den Atem die Seele heilen. Ganzheitlich - integrative Atemtherapie für Gesunde, psychosomatisch und psychisch Kranke. Eine Einführung*. IKP Verlag, Zürich 1993 (b)

dies.: *Body-Centered Psychotherapie IKP: a multi- dimensional and multi- communicative approach*. IKP- Verlag, Zürich, 1993 (c)

dies.: *Le modèle anthropologique du cube (IKP).* Dans: Etudes cliniques psycho- et somatotherapiques. Ed.: R.Meyer, L. Rispoli, Y.Maurer. Masson, Paris, 1993

Maurer, Y. und Riedle, M.: *Therapie von Angstgefühlen (Vorgehen gemäß der Körperzentrierten Psychotherapie IKP).* In: Gazette Médicale, der informierte Arzt (DIA - GM 3 - 90, 1990, S. 217 - 220

Maurer, Y., Isenring, R.: *Spüren, was der Körper zu sagen hat.* Bulletin der Schweizer Psychologen, BSP, Bd. 12, 2, 1991, S. 19-22.

Merleau-Ponty, M.: *Die Struktur des Verhaltens*. Berlin, 1966

Minuchin, S.: *Familien und Familientherapie*. Freiburg, 1978

Pauli, H. G.: *Biopsychosoziales Medizinmodell und Reform der ärztlichen Ausbildung: von der Tat zur Idee, von der Idee zur Tat?* In: Medizinpsychol. Inf. des L. Boltzmann-Inst. Vol. 3, 2: 7 - 30, 1988

ders.: *Von der Bekämpfung der Krankheit zur Erhaltung der Gesundheit - Paradigmenwechsel?* aus W. Schüffel (Hrsg.): Sich gesund fühlen im Jahr 2000. Berlin, 1988, S. 34 - 41

Pawlow, I.: *Conditioned Reflexes and Psychiatrie.* trans. by W. H. Gautt, New York, International Publ. 1941

Perls, F.: *Gestalttherapie in Aktion*. Stuttgart, 1969

ders.: *Grundlagen der Gestalt-Therapie* (Einführung und Sitzungsprotokolle). München, 1976

Perls, F., Hefferline, R., Goodman, P.: *Gestalttherapie* (Wiederbelebung des Selbst). Stuttgart, 6. Aufl. 1990

Petzold, H., Maurer, Y.: *Integrative Gestaltpsychotherapie*. In: Maurer, Y. (Hrsg.) Bedeutende Psychotherapieformen der Gegenwart. Stuttgart 1985, S. 61 - 86

Pöldinger, W.: *Psychiatrie und Ganzheitsmedizin*. Schweiz. Zeitschrift für integr. Nervenheilkunde. "Therapiewoche"-Verlag AG, Postfach 55, Sennwald SG, 1990, S. 116 - 125

Polster, E. und M.: *Gestalttherapie*. München, 1974

Reich, W.: *Die sexuelle Revolution*. Zur charakterlichen Selbststeuerung des Menschen. Frankfurt/M., 1971

Rogers, C.: *Therapeut und Klient*. Grundlagen der Gesprächspsychotherapie. Frankfurt/M., 1983

ders.: Die klientenzentrierte Gesprächspsychotherapie. Frankfurt, 1987

ders.: *Entwicklung der Persönlichkeit*. Stuttgart, 3. Aufl. 1979

Rolf, I.: *Rolfing Strukturelle Integration*. München, 1989

dies.: *Structured Integration: A Contribution to the Understanding of Streß*. In: Confirmia Psychiatrica 16, 1973, S. 71

Rosenberg, J.: *Orgasmus*. Berlin 1979

ders.: *Körper, Selbst und Seele*. Oldenburg, 1989

Schutz, W.: *Profound Simplicity*. USA Box 259, Muir Beach, Ca 1988

Singer Kaplan, H.: *Sexualtherapie*. Stuttgart, 2. Aufl. 1983

Sonneville, L. de: *Entwikkeling en validatie van de amsterdamse stemmings vragenlijst*. Gedrag 13, 13-2 9 (1985)

Sonneville, L. de, Schaap, T., Elshout, J.: *De amsterdamse stemmings vragenlijst*. Lisse, Netherlands, Swets u. Zeitlinger, 1981 Bzw. Frijda, N., the Emotions. Cambridge Univ. Press, 1987, S.181-182

Spitz, R.: *Anaclitic Depression*. The psychoanalytic Study of the Child. 2, p. 313 - 342. New York, Int. Univ. Press 1946

ders.: *Vom Säugling zum Kleinkind*. Mutter-Kind-Beziehung, im 1. Lebensjahr, Stuttgart, 1967

Teilhard de Chardin, P.: *Das göttliche Milieu*. Olten 1979

Verny, Th., Kelly, J.: *Das Seelenleben des Ungeborenen*. Frankfurt 1983

Vester, F.: *Unsere Welt - ein vernetztes System*. München, 6. Aufl. 1990

Watzlawick, P., Beavin, J. und Jackson, D.: *Menschliche Kommunikation*. Bern, 1974

ders.: Vortrag am Intern. Paartherapie-Symposium. Zürich 28. 9. 1984

Verzeichnis der Fotos:

Seite 10/58/64/67/72 mit freundlicher Genehmigung der Bundesleitung Junge Gemeinde

Seite 164 - 167 Yvonne Maurer

Sachwortverzeichnis

Aus- und Weiterbildungsmöglichkeiten

Ausbildungen:

1. Zum/zur Körperzentrierten Psychologischen Berater/in in IKP (3 Jahre). Bequem berufs-, bzw. familienberatend für Personen mit Erfahrung im sozialen, pädagogischen, medizinischen, bzw. therapeutischen oder psychologischen Bereich.

2. Zum/zur Körperzentrierten Psychotherapeuten/in IKP (4 Jahre, 1 Jahr Praktikum). Diese ganzheitliche, anerkannte Ausbildung wird berufsbegleitend für Personen mit Universitätsabschluß angeboten.

3. Zum/zur ganzheitlich-integrativen Atemtherapeut/in IKP (ca. 2 Jahre) berufsbegleitend. Näheres im Buch von Dr. Y. Maurer "Durch den Atem die Seele heilen" - Ganzheitlich-integrative Atemtherapie für Gesunde, psychosomatisch und psychisch Kranke - Eine Einführung, IKP-Verlag, Zürich, 1993, (in unserem Sekretatiat:Sfr./DM 39.-)

Weiterbildung:

Persönlichkeits-Entfaltungsgruppen, Workshops, Seminare (gemäß IKP-Jahresprogramm, z.Z. vorwiegend in der Schweiz stehen allen offen, die am IKP-Angebot beruflich oder persönlich (Eigentherapie) interessiert sind.

Weitere Informationen beim IKP-Sekretariat:

IKP, Institut für Körperzentrierte Psychotherapie IKP
Psychologische Beratung IKP
Ganzheitliche Atemtherapie IKP
CH-8004 Zürich, Kanzleistrasse 17
Tel.(0041)-1/242 29 30
Fax(0041)-1/242 72 52

Weitere Titel zum Thema Körperarbeit aus dem Transform Verlag:

Der Körper in der Psychotherapie
Das Buch enthält Beiträge von: Alexander Lowen: Einige Gedanken über Krebs. David Boadella, Streß und Charakterstruktur. Tillmann Moser, Formen der Gegenübertragung in der psychoanalytisch orientierten Körperpsychotherapie. Albert Pesso, Körper, Seele, Ego und "Pilot" in der psychomotorischen Therapie. Thomas Ehrensperger, Psychosomatische Medizin und Bioenergetische Analyse. Niklas Roth, Erfüllung und Begrenzung. Rainer Mahr, Migräne und Bioenergetik. Werner Geigges u. Jörg M. Herrmann, Gruppentherapeutische Konzepte in der psychosomatischen Medizin.
ISBN 3-926692-21-9

Loil Neidhöfer
Intuitive Körperarbeit
In diesem Buch wird die Methode der Skan-Körperarbeit, eine sich direkt auf Wilhelm Reich berufende körpertherapeutische Richtung, beschrieben. Der Autor vermittelt einen nachhaltigen Eindruck von der Lebendigkeit, Direktheit und Tiefe des vorliegenden Ansatzes.
ISBN 3-926692-24-3

Fritz Frederick Smith
Innere Brücken-
Handbuch der Lebensenergie und Körperstruktur
"Innere Brücken" versteht sich als Synthese zwischen östlichen und westlichen Gesundheitssystemen. Diese Verbindung basiert auf dem Konzept, daß Energie als eine fundamentale Kraft in der Natur existiert. Smith beschreibt die alte geheime Lehre der "energetischen Anatomie", wie sie von den Chinesen und Hindus gelehrt wird.
ISBN 3-926692-13-8

John Rowan und Windy Dryden
Neue Entwicklungen der Psychotherapie
Die Herausgeber haben in diesem Buch die gängigsten neuen Therapieverfahren zusammengestellt. Das Spannende an diesem Buch ist, daß alle Methoden mit dem gleichen Grundraster beschrieben werden, wie z.B.: Historische Entwicklung, das Menschenbild, die Person des Therapeuten, die Entstehung von Störungen, die therapeutische Technik, Fallbeispiel usw.. Dadurch ist es möglich, Ähnlichkeiten, Unterschiede und Verbindungen der einzelnen Verfahren direkt festzustellen. Es bietet auf eine interessante und anschauliche Art eine Fülle von Informationen.
ISBN 3-926692- 15-4

Stephen Johnson

Charakter - Transformation

Erkennen - Verändern - Heilen

In Anlehnung an die Charaktertypen von Wilhelm Reich verbindet Stephen M. Johnson die Sichtweisen von Charakteranalyse, Ich-Psychologie und Objektbeziehungstheorie. Er beschreibt ausführlich Entstehungsgeschichte, Affekte, Verhalten, Wahrnehmung, energetischen Ausdruck, therapeutische Ziele und therapeutische Techniken. ISBN 3-926692-17-0

Werner Eberwein

Impulse Von Innen

Biodynamik: Körperpsychotherapie zur Heilung und Selbstfindung

In diesem Buch stellt Werner Eberwein Grundgedanken der aus der Reichschen Arbeit entwickelten Biodynamischen Psychologie vor. Der Körper ist der Ort der Gefühle; über ihn und die "Impulse von innen" gewinnen wir wieder einen tieferen, wesentlichen Kontakt zu unserem wahren Selbst. An lebendig und einfühlsam geschilderten Fallbeispielen aus seiner Praxis verdeutlicht der Autor, wie die gewährende meditative Grundhaltung den Prozeß des allmählichen Schmelzens muskulärer und emotionaler Panzerungen unterstützt und somit den Weg zu einer Transformation der Identität öffnet. ISBN 3-926692-14-6

Jay Stattman

Kreative Trance

Jay Stattman, der Begründer der Unitiven Psychologie, beschreibt in diesem Buch den theoretischen Hintergrund und die Grundkonzepte seiner Arbeit, eine Verbindung reichianischer und jungianischer Elemente. Während Reichianer oft inneren Bildern mißtrauen bzw. die Arbeit mit ihnen meiden, Jungianer dagegen meistens wenig oder keine Verbindung zu den vegetativen Prozessen und der Ausdruckssprache des Körpers haben, bezieht die Kreative Trance bei ihrer Arbeit mit inneren Bildern in ganzheitlicher Weise beide Aspekte ein. ISBN 3-926692-25-1

Verführung in Kindheit und Psychotherapie

Dieser Band enthält folgende Beiträge: Ursula Wirtz, Der Verrat am Eros. Tilmann Moser, "Es ist vielleicht ungerecht, ihn als Schweinehund zu bezeichnen." Ein Lehrbuch der schmierigen Zweideutigkeit. Edward Muller, Über therapeutischen Mißbrauch. Ulrich Sollmann, Der skrupellose Therapeut - wenn Therapeuten ihre Tage kriegen. Gisela Worm, Über die Schwierigkeit therapeutischer Beziehung. Virginia Wink Hilton, Die Arbeit mit der sexuellen Übertragung. Roger Dreyfus und Heidi Haug, Zum narzißtischen Mißbrauch in der Therapie. Sigrid Damm, Der mißbrauchte Mann. Dagmar Hoffmann-Axthelm, Der Stein auf der Brust oder : Athena aus dem Haupte des Zeus. Scott Baum, Die Politik des Körpers - zwei klinische Skizzen. ISBN 3-926692-31-6

Neuerscheinung '93

Yvonne Maurer

Durch den Atem die Seele heilen -

Ganzheitlich-integrative Atemtherapie IKP

Mit diesem Buch gibt Dr. Yvonne Maurer einen faszinierenden, gut verständlichen Überblick über medizinisches, psychologisches, philosophisches und kulturelles Wissen zum Atem. Gleichzeitig werden die Leser/innen unvermittelt zum eigenen Atemerleben und zu wachsendem, ganzheitlichem, höherem Bewusstsein geführt.
Die Autorin zeigt auch, wie Störungen im körperlichen, im sozialen (Arbeit, Beziehungen, Liebesleben) und im psychisch-geistigen Bereich (fühlen, denken) mit Veränderungen des Atems einhergehen und diese durch Atemarbeit heilsam beeinflusst werden können.
Dieses Buch ist eine Quelle tiefer Freude für alle, die am Atem und an Atemtherapie interessiert sind, und unentbehrlich für therapeutisch Tätige aller Richtungen. 168 Seiten mit zahlr. Abb. und Fotos, Sfr/DM 39.-

ISBN 3-906472-00-0

IKP-Verlag, CH-Zürich
(0041)1-242 29 30